जल्लाद

(कहानी संग्रह)

वाणी प्रकाशन

नयी दिल्ली-110002

फोन : 3273167, 3275710 ● फैक्स : 3275710

e-mail : vani_prakashan@yahoo.com

vani_prakashan@mantraonline.com

जल्लाद

संजीव कुमार 'संजय'

हिंदी अकादमी, दिल्ली के सहयोग से प्रकाशित

ISBN 81-7055-969-3

वाणी प्रकाशन
21-ए, दरियागंज, नयी दिल्ली-110002
द्वारा प्रकाशित

प्रथम संस्करण : 2002

मूल्य : 95.00

नागरी प्रिंटर्स, दिल्ली-110032
में मुद्रित

JALLAD (Stories)
by Sanjeev Kumar 'Sanjay'

उन सभी को

जिन्होंने

मुझे लेखन के लिए प्रेरित किया

अनुक्रम

दो शब्द

'जल्लाद' मेरी पहली पुस्तक है और इसमें मेरी नौ चुनिंदा कहानियों का समावेश है। जहाँ तक 'जल्लाद' कहानी का प्रश्न है, यह मेरे लेखन जीवन की प्रथम कहानी है और साथ ही अपनी रचनाओं में मुझे सबसे प्रिय है। वैसे तो प्रथम कहानी सदा ही प्रिय होती है, अतः इसी कहानी पर मैंने अपनी पहली पुस्तक का नामकरण किया है।

मैंने अपनी कहानियों में आम आदमी की परिस्थितियों, परिवेश, घटनाओं इत्यादि को चित्रित करने का प्रयास किया है। अपने इस प्रयास में मुझे कहाँ तक सफलता मिली है, यह तो सुधी पाठक ही बेहतर बता सकते हैं। प्रथम प्रयास होने के नाते यह स्वाभाविक है कि पुस्तक में कई कमियाँ अवश्य रही होंगी। इन कमियों को दूर करना आप प्रबुद्ध पाठकों का कार्य है और आपकी प्रतिक्रियाओं की मैं धड़कते हृदय से प्रतीक्षा करूँगा।

अंत में, मैं हिंदी अकादमी का हार्दिक आभार प्रकट करना चाहूँगा जिसके प्रोत्साहन ने एक आम आदमी को 'लेखक' जैसे गौरवान्वित शब्द से विभूषित कर डाला। हिंदी अकादमी के सहयोग के फलस्वरूप ही 'जल्लाद' आपके सम्मुख है।

–संजीव कुमार 'संजय'

जल्लाद

रेलगाड़ी तीव्र गति से आगे बढ़ी जा रही थी। मैं खिड़की के बिलकुल साथ वाली सीट पर बैठा था और बाहर के दृश्यों का अवलोकन कर रहा था। खेत, खलिहान, मवेशी, पुल सब जितनी तेजी से आँखों के सामने आते थे, उसी तेजी से ओझल हो जाते थे। मैं ऐसे कल्पना करने लगा जैसे मैं एक स्थिर गाड़ी में बैठा हूँ और बाहर की सभी वस्तुएँ दौड़ रही हैं। मुझे ऐसा लगा कि मेरी जिंदगी बिलकुल ठहर गई है। और मुझे छोड़ बाकी सभी तीव्र गति से आगे बढ़ रहे हैं। मैंने इस विषय पर सोचना बंद किया और डिब्बे के भीतर दृष्टि डाली। पहली बार मैंने अपने कुछ देर के पड़ोसियों का निरीक्षण किया।

मेरे ठीक सामने वाली सीट पर खिड़की के साथ एक महिला बैठी थी जो अपना सिर खिड़की पर टिकाकर गहरी नींद सो रही थी। साथ में शायद उसका पति बैठा था जो बिना हिले-डुले सामने देखे जा रहा था। न जाने वह किन विचारों में गुम था। उसकी गोद में उनका एक बच्चा था जिसकी आयु लगभग एक वर्ष होगी। वह बड़ी तन्मयता से अपना अँगूठा चूस रहा था। मुझे अपनी ओर देखते उसका अँगूठा चूसना सहसा छूट गया और वह आँखें फाड़-फाड़कर मुझे देखने लगा। मेरे मुख पर एक फीकी मुस्कान आ गई और मैंने अपना ध्यान उस पर से हटाकर उसके साथ वाले व्यक्ति पर केंद्रित कर दिया। वह एक साधारण से चेहरे-मोहरे वाला अधेड़ उम्र का व्यक्ति था। जिसके ऊपर देर तक दृष्टि जमाए रखना मैंने उचित न समझा।

मैंने अपनी दृष्टि वहाँ से हटाकर अब अपनी सीट पर केंद्रित की। कोने में एक साधु महाराज बैठे हुए थे। वह न जाने कैसी समाधि में लीन थे। उनके बारे में मैं अधिक नहीं सोच सका, क्योंकि अब मेरी दृष्टि मेरे साथ बैठे पड़ोसी पर थी।

उस पर नजर पड़ते ही मैं थोड़ा-सा चिहुँककर पीछे हट गया। वह एक विशाल डील-डौल का और बिलकुल काले चेहरे वाला व्यक्ति था। ऐसा नहीं था कि मैं केवल

उसके काले चेहरे और बड़े शरीर से डर गया था। कारण यह था कि उस काले चेहरे के होठों के ऊपर बड़ी और घनी मूँछों का एक गुच्छा था जो उसके भयानक चेहरे को और भयानक बना रहा था। उसने एक मैला-सा सफेद कुरता-पाजामा पहना हुआ था।

मुझे अपनी ओर यूँ घूरता देखकर उसने अपनी पीली बत्तीसी की एक झलक दिखाई। औपचारिकतावश मुझे भी जबरदस्ती मुस्कराना पड़ा, यद्यपि इसमें मुझे काफी कठिनाई हुई।

"बाऊजी, लगता है आप मुझे देखकर कुछ डर गए।" वह अपनी खरखराहट भरी आवाज में हँसते हुए बोला।

मैंने हिचकिचाते हुए उत्तर दिया, "न...नहीं...ये बात तो नहीं है।" मैंने सहज होने का प्रयत्न किया।

"अरे बाऊजी, हमसे क्या छिपाते हो। हमें तो इसकी आदत-सी हो गई है। जानते हो बाऊजी, हमारी घरवाली ने भी जब हमें पहली बार देखा था तो जोर से चीख मार के बेहोश हो गई थी।"

न चाहते हुए भी मैं अपनी हँसी रोक न पाया।

"कहाँ जा रहे हो बाऊजी," उसने पूछा।

"कठुआ। और आप?"

"हम तो बाऊजी, बिलकुल आखिर में जम्मु पर ही उतरेंगे। तो बाऊजी, आप कठुआ के रहने वाले हैं?"

"अरे नहीं। कठुआ में तो मैं अपने किसी काम के सिलसिले में जा रहा हूँ।" अब मेरी घबराहट दूर हो चुकी थी और उस काले मुच्छड़ से मैं घुलता-मिलता जा रहा था।

"बाऊजी, आप तो लगता है किसी अच्छे दफ्तर में किसी ऊँचे ओहदे पर हो।" वह मेरे कपड़ों की ओर प्रशंसात्मक दृष्टि डालते हुए बोला।

"ठीक पहचाना आपने। मैं आयकर कार्यालय में आयकर अधिकारी हूँ।"

वह आँखें फैलाकर और अपने होठों को 'ओ' की मुद्रा में खोलकर पीछे को झुक गया। उसकी इस अदा पर मैं मुस्कराए बिना न रह सका।

"तो बाऊजी, आप जरूर कठुआ में किसी के यहाँ छापा मारने जा रहे होंगे।" उसने उत्सुकता से पूछा।

"अरे नहीं भाई। दरअसल कठुआ में आयकर विभाग की एक शाखा है। वहीं किसी काम के सिलसिले में जा रहा हूँ।"

"कह तो आप ठीक ही रहे होंगे। मगर बाऊजी, एक बात है। अगर आप छापा मारने भी जा रहे होते तो बताते थोड़े न।" कहने के बाद वह हो-हो करके हँसने लगा।

हालाँकि उसकी बात से मुझे जरा भी हँसी नहीं आई थी, पर मुझे जबरदस्ती मुस्कराना पड़ा।

"बाऊजी, लगे हाथों अपना नाम भी बता दीजिए।"

"सुरेश" मैंने संक्षिप्त जवाब दिया।

"बस, सुरेश?"

"सुरेश कुमार अरोड़ा। और आपका?"

"बाऊजी, हमारा नाम तो हमारे ऊपर एकदम फिट बैठता है। महावीर सिंह।" वह फिर हो-हो करके हँसने लगा।

यद्यपि मैं एकदम शांत और अपने आप में लीन रहने वाला व्यक्ति हूँ, मगर उससे बात करके कुछ राहत महसूस हो रही थी, क्योंकि सफर काफी लंबा था और मुझे धीरे-धीरे बोरियत होनी शुरू हो गई थी।

"अच्छा आपने मेरे से तो सब कुछ पूछ लिया, मगर अपने बारे में कुछ भी नहीं बताया।" मैंने भी प्रश्न पूछने में पहल की।

वह एक दार्शनिक की भाँति दोनों हाथ ऊपर करके बोला, "बाऊजी, मेरा काम है बुरे लोगों को इस समाज से दूर करके ऊपर वाले के पास भेजना।"

"मैं कुछ समझा नहीं।"

"जी मैं मेरठ की जेल में जल्लाद हूँ।"

ऐसे अप्रत्याशित उत्तर की मुझे बिलकुल आशा न थी। दिखने में वह भले ही किसी जल्लाद से कम नजर नहीं आता था, लेकिन बातचीत में वह एकदम अलग था। मैं काफी देर तक उसे भौचक-सा देखता रहा।

"बाऊजी आप तो मुझे ऐसे देख रहे हैं जैसे दुनिया का आठवाँ अजूबा मैं ही हूँ।" वह हँसकर बोला।

मेरे से कोई जवाब देते न बन पड़ा। मैंने जबरदस्ती मुस्कराने की चेष्टा की, मगर नहीं मुस्करा सका।

वह फिर बोला, "ये तो बाऊजी, हमारी रोजी-रोटी है। हमें जैसा हुक्म मिलता है, पूरा कर देते हैं।"

मैं हिम्मत करके बोला, "मगर आप इतने लोगों को फाँसी देते हो। कैसे झेल पाते हो इतने लोगों की बददुआएँ?"

"बददुआएँ तो बाऊजी, आप भी लेते होंगे जब आप लोगों के घरों पर छापा मारते होंगे।"

मैं उसकी बात का कोई जवाब न दे सका, क्योंकि उसके तर्क में दम था।

मैंने उस जल्लाद की ओर से नजरें घुमाकर खिड़की के बाहर कर लीं।

मेरा मन उसके लिए एक अजीब वितृष्णा और घृणा से भर उठा था। मुझे पछतावा होने लगा कि क्यों मैं ऐसे व्यक्ति से घुलामिला, जिसके हाथ सैकड़ों लोगों

के खून से रँगे हैं। मेरा मन हुआ कि जितनी जल्दी हो सके, इस व्यक्ति की बगल से उठ जाऊँ।

बाहर काफी तेज वर्षा शुरू हो गई थी। गाड़ी की गति धीरे-धीरे कम हो रही थी। शायद कोई छोटा स्टेशन आने वाला था। मेरे सामने बैठा परिवार सीट से उठकर अपना सामान समेटने में व्यस्त हो गया। अच्छा मौका देखकर मैं उठकर उनकी सीट पर बैठ गया। मुझे इससे कोई राहत महसूस नहीं हुई, क्योंकि अब वह जल्लाद ठीक मेरे सामने था।

मुझमें अपने प्रति उपेक्षा का भाव स्पष्ट देखकर वह भी चुप हो गया था। और सूनी आँखों से बाहर हो रही वर्षा को ताक रहा था। मुझे उस पर रत्ती भर भी तरस नहीं आया। मैंने अपना ध्यान उसके चेहरे पर केंद्रित कर दिया। मुझे ऐसा महसूस होने लगा जैसे उसकी मूँछें और घनी हो गई हैं। और उनमें से लगातार रक्त टपक रहा है। उसके सिर के ऊपर दो बड़े-बड़े सींग उग आए हैं। कुल मिलाकर मेरी कल्पना में वह बड़ा खूँखार लग रहा था।

गाड़ी ने अपनी गति फिर से पकड़ ली थी। वर्षा अभी भी पूरे जोरों से हो रही थी।...मैं उस खूँखार जल्लाद पर से नजरें हटाकर बाहर देखने लगा। वर्षा इतनी तेज हो रही थी कि बाहर क्या है, यह देखना काफी कठिन हो रहा था।

अचानक डिब्बे में कुछ लोगों का तेज शोर उभरा।

डिब्बे में जितने भी यात्री बैठे थे, सभी अपने खयालों की दुनिया से बाहर निकल आए और एक झटके से उस दिशा में देखने लगे जिधर से शोर आ रहा था। शोर डिब्बे के दरवाजे के पास से आ रहा था। सबसे पहले वह जल्लाद अपने भारी-भरकम शरीर को सँभालता हुआ बिजली की गति से उस दिशा में भागा। उसकी देखा-देखी और लोग भी उसके पीछे हो लिए। सबसे पीछे मैं था।

दरवाजे के पास बहुत भीड़ थी और सभी यात्री आपस में इतनी जोर से चिल्लाकर बातें कर रहे थे कि मुझे समझ ही नहीं आया कि माजरा क्या है। बड़ी कठिनाई से मैंने अपना ध्यान उन लोगों की बातों पर केंद्रित किया। पता चला कि दरवाजे के पास बैठा कोई व्यक्ति चलती गाड़ी से नीचे गिर गया है।

अब गाड़ी की गति काफी धीमी हो गई थी। पहले तो मैं समझा कि कोई स्टेशन आने वाला है, मगर बाद में पता चला कि गाड़ी की जंजीर खींची गई है। गाड़ी अब पूरी तरह रुक गई थी और सभी यात्री फटाफट डिब्बे से उतर रहे थे। संयोग से वर्षा भी पूरी तरह से रुक चुकी थी। सभी लोगों के उतरने के बाद ही मैं अनमने भाव से गाड़ी से उतरा। इस समय मेरा ध्यान इस बात पर था कि मैं कठुआ और कितनी देर से पहुँचूँगा।

लोगों का हुजूम उस दिशा में दौड़ा जा रहा था जिस तरफ वह व्यक्ति गिरा था। अन्य डिब्बों से भी यात्री नीचे उतर आए थे और उत्सुकतावश नीचे खड़े यात्रियों

से घटना का पूरा ब्यौरा ले रहे थे। थोड़ी देर बाद दूर से भीड़ का एक रेला आता दिखाई दिया। भीड़ के बीचोंबीच सबसे आगे एक बलिष्ठ शरीर वाला व्यक्ति था जिसका चेहरा बिलकुल पहचान में नहीं आ रहा था, क्योंकि वह व्यक्ति ऊपर से नीचे तक कीचड़ और गारे में सना हुआ था। उसने अपने हाथों में एक व्यक्ति को उठा रखा था। वह भी पूरी तरह से गारे से सना हुआ था।

भीड़ के रेल के डिब्बे के करीब पहुँचने पर मैंने गौर से उस बलिष्ठ व्यक्ति को देखा तो चौंक पड़ा। वह वही जल्लाद था जो दुर्भाग्यवश डिब्बे में मेरा पड़ोसी था। उसके चेहरे पर गंभीरता का भाव था और वह बिना इधर-उधर देखे तेज कदमों से बढ़ा आ रहा था। घायल व्यक्ति को उसने हाथों में ऐसे उठाया हुआ था जैसे किसी खिलौने को उठाया हो। हाँ, उसके साथ चल रहे लोग दुनिया भर की बक-बक झक-झक कर रहे थे।

डिब्बे के प्रवेश-द्वार के समीप पहुँचकर अन्य लोगों ने भी उस घायल व्यक्ति को सहारा दिया। मैं जो कि बिलकुल प्रवेश-द्वार के साथ खड़ा था, दो कदम पीछे हट गया। कारण कि उस जल्लाद और उसके हाथों में घायल व्यक्ति के शरीर से कीचड़ की बहुत बुरी गंध आ रही थी। डिब्बे के भीतर पहुँचकर जल्लाद कोई खाली सीट तलाशने लगा ताकि घायल व्यक्ति को उस पर लिटाया जा सके। मैं तेजी रो डिब्बे में चढ़ गया और फटाफट भागकर अपनी सीट पर बैठ गया ताकि जल्लाद उसे कहीं उसी सीट पर न लिटा दे।

गाड़ी चल पड़ी थी। मेरा ध्यान यात्रियों की बातों पर लगा हुआ था। जिसे देखो, वही उस जल्लाद की प्रशंसा कर रहा था। उनकी बातों से ज्ञात हुआ कि ज्योंही उस जल्लाद को पता चला कि कोई व्यक्ति चलती गाड़ी से गिर गया है, उसने तुरंत गाड़ी की जंजीर खींच दी। गाड़ी अभी अपनी रफ्तार में ही थी कि जल्लाद ने उस व्यक्ति को बचाने की खातिर चलती गाड़ी से छलाँग लगा ली। यह किस्मत की बात थी कि वह व्यक्ति बरसात के पानी से भरे गड्ढे में गिरा था जिससे उसकी जान बच गई थी। यात्री दिल खोलकर उस जल्लाद की बड़ाई कर रहे थे जो मुझे बिलकुल अच्छा नहीं लग रहा था।

अचानक मेरी नाक में दुर्गंध का तेज झोंका आया। जल्लाद घायल व्यक्ति को कहीं लिटाकर वापस अपनी सीट पर आ गया था। वहाँ मौजूद अन्य लोगों ने जल्लाद को घेर लिया और तरह-तरह के प्रश्न करने लगे। मैंने दुर्गंध के कारण अपनी नाक सिकोड़ी और अपनी सीट से उठ गया।

मेरे मन में एक अजीब-सी बेचैनी हो रही थी। मैं कुछ तरोताजा होने के इरादे से वाशबेसिन के पास आया। चुल्लू में पानी भरकर मैंने रगड़-रगड़ कर अपना मुँह धोया और फिर रूमाल से अपना चेहरा पोंछा। मैंने अपना ध्यान सामने लगे आईने पर केंद्रित किया और बड़े गौर से आईना देखता रहा। अचानक मुझे ऐसा लगा कि

मेरे सिर के ऊपर दो सींग उग रहे हैं जो धीरे-धीरे बढ़ते जा रहे हैं। होठों के दोनों तरफ बड़ा-सा एक-एक दाँत निकल आया है। मेरी आँखों, होठों आदि सभी स्थानों से धीरे-धीरे रक्त टपक रहा है।

मैंने कसकर अपनी आँखें बंद कर लीं। अपने को देखने का मुझसें और साहस नहीं था।

रिटायरमेंट

"उठो भई, बस और आगे नहीं जाएगी।"

कंडक्टर की आवाज से प्रसाद जी की तंद्रा टूटी। हड़बड़ाते हुए वे उठे और खिड़की के बाहर एक दृष्टि डाली।

"आज कैसे मैं अपने स्टैंड पर उतरना भूल गया।" बुदबुदाते हुए वे बस से उतरे। बस उनके गंतव्य स्थान को पीछे छोड़ अंतिम बिंदु पर पहुँच गई थी। चौंतीस वर्षों से वे इसी रूट पर सफर कर रहे थे। यह पहला अवसर था जब वे अपने स्टैंड पर उतरना भूल गए थे। लेकिन इन चौंतीस वर्षों में शायद यह भी पहला अवसर था जब वे खयालों के भँवर में इतना डूब गए थे।

बस से उतरकर कुछ देर प्रसाद जी वहीं खड़े रहे। वे विचारने लगे कि वापस बस में ही जाएँ या पैदल। घर वहाँ से लगभग दो किलोमीटर की दूरी पर था। काफी सोच-विचार के पश्चात् उन्होंने निश्चय किया कि पैदल जाना ही बेहतर है। "अब तो मेरे पास समय ही समय है।" आदत के मुताबिक वे बुदबुदाए।

प्रसाद जी आज नौकरी से सेवानिवृत्त (रिटायर) हुए थे। अनायास ही उन्हें चौंतीस वर्ष पूर्व का वह दिन स्मरित हो गया जब उनका कार्यालय का पहला दिन था। कितने निश्चिंत थे वे उस दिन और आज? उन्हें आज का अपना विदाई समारोह याद आया। कितना फीका था सब कुछ। केवल औपचारिकताएँ ही औपचारिकताएँ। पिछले माह जब शर्मा जी रिटायर हुए थे तो कितना हो-हल्ला हो रहा था। छोटी-छोटी बातों पर ठहाके लग रहे थे। शर्मा जी थे भी तो बहुत जीवंत विचारों के। हर समय चहकते रहना, अपने ही सुनाए चुटकुलों पर ठठाकर हँसना, सबसे मेल-मिलाप से रहना। और एक वे?

प्रसाद जी ने धीरे-धीरे अपने कदमों का रुख घर की दिशा में कर दिया। एक-एक कदम उठाना उनके लिए भारी हो रहा था। "लगता है मैं नौकरी से ही नहीं, जिंदगी से भी रिटायर हो गया हूँ।" वे बुदबुदाए। एक बार फिर वे विचारों

के भँवर में डूब गए। "क्या जिंदगी होगी आगे मेरी? अभी तक तो नौकरी में समय कट जाता था। अब कैसे कटेगा? पहले तो एक इतवार काटना ही दुश्वार हो जाता था। अब तो पूरी जिंदगी इतवार ही इतवार है।"

जितना अधिक प्रसाद जी सोचते गए, उतनी अधिक दहशत उन पर हावी होती चली गई। आगे की जिंदगी उन्हें पहाड़ के समान दिखाई देने लगी। वैसे मानसिक रूप से रिटायर तो वे एक वर्ष पूर्व ही हो गए थे। इस एक वर्ष में वे हर पल यही सोचते थे कि रिटायरमेंट के बाद क्या होगा। रिटायरमेंट का विचार ही उनके लिए दहशतपूर्ण था और आज वे सचमुच रिटायर हो गए थे।

राह में एकत्रित व्यक्तियों का एक झुंड देखकर वे थमे। उन्हें लगा कि देखना चाहिए, क्या हो रहा है। वे बुदबुदाए, "अब तो इन्हीं चीजों से समय व्यतीत करना होगा।" वहाँ एक पठान ऊँचे स्वर में बोलता हुआ कुछ औषधियाँ बेच रहा था। उसने जमीन पर एक चादर बिछा रखी थी जिस पर कुछ मर्तबान रखे हुए थे। उन मर्तबानों में छोटे-छोटे जीवित साँप थे। प्रसाद जी ने पठान की बातों में ध्यान लगाने का यत्न किया, परंतु कुछ देर बाद उनके लिए वहाँ खड़ा रहना असहनीय हो गया। वे वहाँ से खिसक लिए।

यह पहला अवसर था जब प्रसाद जी ने एकत्रित भीड़ में रुचि लेने की चेष्टा की थी। वे तो पूरे संसार से एकदम अलग-थलग थे। न ही उनका कोई संगी-साथी था और न ही कोई हितैषी। उन्होंने कभी नहीं चाहा कि कोई उनके एकाकी जीवन को भंग करे। अपने कार्यालय के समयकाल में भी वे सबसे एकदम अलग रहे। चुपचाप अपने काम में मग्न।

विचारों में डूबे कब वे घर पहुँचे, उन्हें पता ही नहीं चला। द्वार पर पहुँचकर एक पल वे ठिठके। कुछ देर सोचने के पश्चात् उन्होंने दरवाजा खटखटाया। द्वार खुला और वही 'शांत मूर्ति' सदा की भाँति द्वार खोल चुपके से वापस लौट गई। प्रसाद जी को हल्का आश्चर्य हुआ। "कम से कम आज तो कुछ अलग होना चाहिए था।"

वह शांत मूर्ति उनकी पत्नी शांति थी। अपने नाम के अनुरूप एकदम शांत। लेकिन वह आरंभ से ऐसी नहीं थी। कुछ शांत वह हुई थी अपने पति के अनुरूप ढलने की चेष्टा में और कुछ परिस्थितियों के थपेड़ों के कारण। विवाह के दो वर्षों बाद डॉक्टर के एक कथन "आप कभी माँ नहीं बन सकतीं" ने पति-पत्नी के बीच सन्नाटे की एक लंबी दीवार खींच दी थी। उस दिन के बाद दोनों के बीच गिनती के शब्दों का ही आदान-प्रदान हुआ था। शांति तो बुत बन गई थी। प्रसाद जी तो खैर थे ही ऐसे।

प्रसाद जी ने जूते उतारे, मुँह-हाथ धोया और सोफे पर टेक लगाकर बैठ गए। माथे पर हाथ रखे, छत की ओर देखते हुए वे पुनः आगे की जिंदगी के बारे में

सोचने लगे। शांति ने आकर सामने पड़ी मेज पर चाय का कप रखा और चुपचाप रसोई में चली गई। प्रसाद जी को जिंदगी में पहली बार उस पर तरस आया। उन्होंने सोचा कि वे आगे का समय काटने को लेकर परेशान हैं पर बेचारी शांति तो कब से यह जीवन जी रही है।

रात को जब प्रसाद जी बिस्तर पर लेटे तो उन्हें नींद नहीं आई। वे सोचने लगे कि कल क्या करेंगे। वे योजना बनाने लगे, "सुबह छः बजे तो रोजाना की तरह सैर पर चला जाऊँगा। सात बजे सैर करके वापस आऊँगा। आठ बजे तक नहा-धो कर नाश्ता भी कर लूँगा। उसके बाद दफ्तर जाने के लिए तैयार...। नहीं-नहीं, अब दफ्तर क्या करने जाना है। खैर, आठ से नौ बजे तक का समय मैं अखबार को दूँगा। पूरी की पूरी अखबार चाट लूँगा। उसके बाद...?" प्रसाद जी बहुत देर सोचते रहे कि उसके बाद क्या करेंगे परंतु वे किसी निष्कर्ष पर नहीं पहुँच सके। इसी सोच-विचार में उन्हें कब नींद आ गई, पता ही नहीं चला।

सुबह वे उठे तो उनका सिर कुछ भारी था। उनका उठने का मन नहीं हुआ। वे बुदबुदाए, "अब कौन-सी जल्दी है मुझे।" उनकी सोच पुनः आगे की जिंदगी पर गई। ऊबकर उन्होंने बिस्तर छोड़ दिया और सैर पर जाने के लिए तत्पर हो गए। सैर के दौरान प्रतिदिन के विपरीत वे इधर-उधर नजरें दौड़ा रहे थे। पार्क में उनका ध्यान अनेक रिटायर लोगों पर गया। कोई भी अकेला नहीं था। कोई किसी के साथ बातों में मग्न था तो कई झुंड बनाकर ठहाके लगा रहे थे। दो वृद्ध तो छोटे बच्चों को योग की शिक्षा देने में व्यस्त थे। प्रसाद जी को आश्चर्य हुआ। वे वर्षों से प्रतिदिन सैर पर आ रहे थे पर इन क्रियाकलापों पर पहली बार उनकी निगाह गई थी।

सैर कर प्रसाद जी जब घर लौटे तो वही चिर-परिचित सन्नाटा व्याप्त था। पहली बार उन्हें इस सन्नाटे से भय लगा। नित्य कर्मों से निवृत्त हो उन्होंने नाश्ता किया और समाचार-पत्र लेकर बैठ गए। आज समाचार-पत्र पढ़ने में उनका बिलकुल भी मन नहीं लगा। रह-रहकर एक ही विचार उनके मन में आ रहा था कि इसके बाद वे क्या करेंगे। उद्विग्नता और बेचैनी की स्थिति में उन्होंने समाचार-पत्र उठाकर एक ओर फेंक दिया और उठकर कमरे का ऊपर से नीचे निरीक्षण करने लगे। अचानक उनका ध्यान एक शैल्फ में रखी कुछ पुस्तकों पर गया। उनके दिमाग में एक विचार कौंधा। "क्यों न बाकी का जीवन पुस्तकों को समर्पित कर दूँ। पुस्तकें पढ़ने में समय भी कटेगा और ज्ञान भी बढ़ेगा।"

मन में आए इस विचार को तुरंत क्रियान्वित करने के उद्देश्य से प्रसाद जी शैल्फ की ओर लपके। पुस्तकों पर न जाने कब से बाबा आदम के जमाने की धूल जमा थी। एक पुस्तक को अच्छी तरह से झाड़कर वे आरामकुरसी पर बैठ गए और पुस्तक पर नजरें गढ़ा लीं। आरंभ में तो उन्हें पुस्तक पढ़ने में कुछ रस आया परंतु जल्दी ही उनका ध्यान बँट गया। उन्हें पुस्तक पढ़ने की आदत जो न थी। वे फिर

से उकताहट महसूस करने लगे। अजीब-सी स्थिति थी। प्रसाद जी पुस्तकों में अपना मन रमाना चाहते थे परंतु चाहकर भी ऐसा नहीं कर पा रहे थे। अंत में पुस्तक को त्याग वे फिर उसी चिंतन में डूब गए, ''आगे क्या होगा?''

सोच-विचार में डूबे प्रसाद जी का ध्यान पास रखी एक और पुस्तक पर गया। पुस्तक का शीर्षक था 'समाज सेवा'। प्रसाद जी के खाली दिमाग में एक तरकीब आई। वे बुदबुदाए, ''एक पंथ दो काज। समाज सेवक बन जाता हूँ। समय भी कटेगा और पुण्य भी मिलेगा।'' लेकिन समाज सेवा करने में एक रुकावट थी। समाज सेवा करने के लिए समाज से जुड़ा होना अत्यंत आवश्यक है। इसके विपरीत वे इससे बिलकुल अलग-थलग थे। उनका दिमाग घोड़े के समान सरपट दौड़ने लगा। ''कोई तो ऐसा काम होगा जो मैं अकेला, सिर्फ अकेला कर सकूँ।'' अचानक ही उनके दिमाग में एक विचार कौंधा। वे उठे, एक पेन और डायरी ली और बस स्टैंड की ओर चल पड़े।

बस स्टैंड पहुँच उन्होंने डायरी खोली। डायरी में बस स्टैंड से गुजरने वाली बसों की समय सारणी थी जो उन्होंने बहुत पहले परिवहन विभाग से प्राप्त की थी। प्रसाद जी ने बसों की निगरानी आरंभ कर दी। कौन-सी बस निर्धारित समय से देरी से आई? किस बस का ट्रिप रद्द हुआ? कौन-सी बस स्टैंड पर नहीं रुकी? ये सब बातें वे अपनी डायरी में नोट करने लगे। उनका उद्देश्य इस नोट को परिवहन विभाग में भेजने का था ताकि परिवहन व्यवस्था में कुछ सुधार हो।

शुरू में तो प्रसाद जी को लगा कि जो वह चाहते थे, उन्हें मिल गया। लेकिन शीघ्र ही इन क्रिया-कलापों से भी उनका मन उचाट हो गया। वे खुद सरकारी विभाग में कार्यरत रह चुके थे। उन्हें अनुभव था कि शिकायत पत्र किस तरह एक टेबल से दूसरी टेबल तक घूमते हुए अंत में रद्दी की टोकरी में फेंक दिए जाते हैं। उन्होंने देखा कि बस स्टैंड पर कुछ व्यक्ति उन्हें अजीब निगाहों से देख रहे थे। ''नहीं-नहीं, यह सब मेरे से नहीं होगा।'' वे बुदबुदाए। एक बार फिर उनके कदमों का रुख घर की ओर हो गया।

लौटते हुए प्रसाद जी का मन हाहाकार कर रहा था। उन्हें विश्वास हो चुका था कि ऐसा कोई सहारा नहीं है जिससे उनका समय कट सके। अब उनके सामने दो ही रास्ते थे। एक, वे पूरी जिंदगी इसी तरह सोच-विचार में गुजार दें। दूसरा, वे आत्महत्या कर लें। आत्महत्या का विचार आते ही तुरंत उनका ध्यान शांति की ओर गया। वे बुदबुदाए, ''मेरे बाद उसका क्या होगा? वह तो इस दुनिया में एकदम अकेली रह जाएगी।'' प्रत्युत्तर में उनके अंतर्मन से आवाज आई, ''अकेली तो वह अब भी है, तुम्हारे होते हुए भी। पति का कौन-सा सुख दे रखा है तुमने उसको?''

प्रसाद जी के चलते हुए कदम एकाएक थम गए। उन्होंने अपने आप से प्रश्न किया, ''तो क्या मुझे आत्महत्या कर लेनी चाहिए?'' तुरन्त अंदर से आवाज आई,

"बिलकुल। नौकरी से तो रिटायर हो ही चुके हो। अब जिंदगी से भी रिटायर हो जाओ।"

'रिटायर'–यह शब्द रह-रहकर प्रसाद जी की अंतरात्मा को झिंझोड़ने लगा। उनके रुके हुए कदम अचानक ही तीव्रता से चलने लगे। घर की दिशा में नहीं, एक अनजानी दिशा में। वे खुद नहीं जानते थे कि वे कहाँ जा रहे हैं। एक पुनर्वास बस्ती के सामने से गुजरते हुए उनकी निगाह एक व्यक्ति पर गई जो लगातार लात-घूँसों से एक स्त्री की पिटाई कर रहा था। आस-पास बहुत लोग जमा थे जो किंकर्तव्यविमूढ़ बने तमाशा देख रहे थे। अपनी आदत के विपरीत प्रसाद जी के कदम थम गए। पिटती हुई वह स्त्री उन्हें अपनी पत्नी शांति जैसी प्रतीत हुई।

"क्यों पीट रहे हो इस बेजुबान को?" काँपते हुए प्रसाद जी ने उस व्यक्ति का हाथ थाम लिया। यद्यपि उन्हें खुद आश्चर्य हुआ कि कैसे वे पहली बार किसी पराई आग में कूद गए।

"ओ साब, तुम अपना काम करो। हमारी बीवी है, इसे मारें-पीटें या कुछ भी करें। तुम्हें क्या?" वह व्यक्ति बदतमीजी से बोला।

प्रसाद जी पर जैसे भूत सवार हो गया। वे चिल्ला उठे, "ऐसे कैसे मारोगे? अब जरा हाथ तो लगाकर दिखाओ। हाथ तोड़ डालूँगा।"

वह व्यक्ति सन्न रह गया। उसे अंदाजा भी नहीं था कि सींक सा दिखने वाला वृद्ध इस कदर साहसी होगा।

उसे चुप देख प्रसाद जी का साहस और बढ़ गया। उन्होंने रोब भरे स्वर में पूछा, "बताओ, क्यों पीट रहे हो इसको?"

"साब, क्या बताऊँ।" वह व्यक्ति सिर झुकाए धीमे स्वर में बोला, "मुझे पैसों की जरूरत है पर ये देने से इनकार करती है।"

इस बार वह स्त्री चिल्लाई, "क्यूँ दूँ मैं पैसे? दारू पीने के लिए?" फिर प्रसाद जी की ओर मुखातिब होकर बोली, "बाबूजी, पेट काटकर बच्चे का स्कूल में दाखिला कराया है। उसी की फीस के लिए बड़ी मुश्किल से पैसे बचाकर रखे हैं। मैं लोगों के घर बर्तन माँज-माँजकर पैसा जमा करती हूँ और यह सब का सब दारू में उड़ा देता है।"

प्रसाद जी उस व्यक्ति की ओर मुड़े। वह चुपचाप सिर झुकाए जमीन की ओर ताके जा रहा था। प्रसाद जी ने एक लंबा भाषण उसको पिला दिया, "शर्म आनी चाहिए तुम्हें। एक तो गलती करते हो, ऊपर से मारपीट करते हो। जानते हो, एक पति का क्या कर्तव्य होता है? परिश्रम करके अपना और अपने परिवार का पेट पालना, पत्नी को हर प्रकार से सहयोग प्रदान करना, पत्नी की रक्षा करना। इनमें से कौन-सा काम कर रहे हो तुम? ऊपर से उसे जानवरों की तरह पीट रहे हो। एक बात याद रखो। जो स्त्री का सम्मान नहीं करता, वह सीधा नरक के रास्ते जाता है।"

वह व्यक्ति चुपचाप सिर झुकाए प्रसाद जी को सुनता रहा। अंत में दोनों हाथ जोड़ उनकी ओर मुखातिब होकर बोला, ''साब, मुझे माफी दे दो। इससे पहले किसी बूढ़े-बुजुर्ग ने मुझे इस तरह नहीं लताड़ा है। क्या करूँ ये साली दारू की लत छुड़ाए नहीं छूटती है। पर अब कसम खाता हूँ, जिंदगी में कभी दारू को हाथ भी नहीं लगाऊँगा।''

''और न ही कभी अपनी पत्नी पर हाथ छोड़ोगे।'' प्रसाद जी अधिकार पूर्ण स्वर में बोले।

''नहीं। कभी नहीं।''

प्रसाद जी ताड़ गए कि वह व्यक्ति झूठे वादे नहीं कर रहा बल्कि सच बोल रहा है। उस व्यक्ति की पत्नी ने तो भाव-विह्वल होकर प्रसाद जी के चरण स्पर्श कर लिए। प्रसाद जी एक सुखद आश्चर्य से भर उठे। उसके सिर पर हाथ रखकर वे वहाँ से चल दिए। तमाशाइयों की भीड़ धीरे-धीरे छँटनी शुरू हो गई।

मंत्रमुग्ध स्थिति में प्रसाद जी के कदम घर की ओर मुड़ गए। यह सारा घटनाक्रम उन्हें एक स्वप्न की भाँति लग रहा था। वे एक पल के लिए मुड़े, पुनः वह स्थान देखा जहाँ कुछ देर पहले एक व्यक्ति एक स्त्री की बेदर्दी से पिटाई कर रहा था। अब वहाँ सब कुछ शांत था। ''यह सब मेरे कारण है!'', यह सोचते ही प्रसाद जी के हृदय में गुदगुदी होने लगी। अब वे अपने शरीर को एकदम हल्का-फुलका महसूस कर रहे थे। उन्हें महसूस हो रहा था कि जिंदगी भर उनके अंतर्मन में जो गुबार भरा था, वह सब निकल चुका है। उनकी दशा अब उस पंछी के समान थी जो खुले गगन में विचरण कर रहा था। निर्विघ्न, निस्संकोच, निर्विचार, निडर होकर।

''ऐसी खुशी जिंदगी में पहली बार नसीब हुई है। पहले ऐसा क्यों नहीं हुआ?'' चलते-चलते उन्होंने स्वयं से प्रश्न किया। तुरंत ही अंतर्मन से आवाज आई, ''क्योंकि पहली बार तुमने खुद को इस समाज से जोड़ा है। किसी के दुख को अपना दुख समझा है। अगर जिंदगी में खुश रहना है तो भविष्य में यही नीति अपनाओ। यही जिंदगी का मूलमंत्र है।''

प्रसाद जी ने सिर हिलाया। इस बार बुदबुदाने के स्थान पर वह तीव्र स्वर में बोले, ''मैं रिटायर नहीं हूँ। मुझे कोई रिटायर नहीं कर सकता। कोई भी नहीं।'' अचानक उन्हें शांति का स्मरण आया। ''शांति घर में अकेली है। शायद मेरा इंतजार कर रही हो।''

इस विचार के आते ही प्रसाद जी की चाल तेज हो गई।

गंदगी

चौराहे की लाल बत्ती पर रामदीन का रिक्शा रुका। रामदीन ने अपनी कमर पर बाँधा गमछा खोला और मुँह का पसीना पोंछने लगा। एकबारगी मुड़कर उसने रिक्शे पर रखे पहाड़ जैसे बोझ पर निगाह डाली। चौराहे पर अनवरत बढ़ते जा रहे ट्रैफिक को निहारते हुए वह पुनः उन्हीं विचारों में डूब गया। जिनमें वह गत कुछ दिनों से डूबता आ रहा था। जब वह बस्ती पहुँचेगा तो क्या उसे अपना आशियाना मिलेगा? उसे दिखाई दिया कि जहाँ उसकी झुग्गी थी वहाँ अब मलबे का ढेर है। मलबे के पास उसकी पत्नी पन्ना निश्चेष्ट अवस्था में खड़ी है और कातर निगाहों से उसकी ओर टकटकी लगाए देख रही है। उसकी गोद में सुखिया है जो लगातार रोए जा रहा है। रामदीन को यह आभास तो हो गया कि सुखिया रो रहा है परंतु रोने की आवाज उसके कानों तक नहीं पहुँच रही है। वह भयभीत अवस्था में दोनों की ओर बेतहाशा भागने लगा, लेकिन वे दोनों रामदीन की पहुँच से लगातार दूर होते जा रहे हैं।

सहसा रामदीन के गाल पर एक करारा तमाचा पड़ा। वह कुछ समझ सके, इससे पहले उसी जगह पर एक और हाथ पड़ गया। गालियों की बौछार के बीच हक्का-बक्का रामदीन जब सँभला तो उसने देखा कि चौराहे पर न ज़ाने कब से हरी बत्ती हो चुकी थी। उसके रिक्शे के पीछे दूसरे वाहन लगातार हॉर्न पर हॉर्न बजाए जा रहे थे। ट्रैफिक कांस्टेबिल उसके सिर पर खड़ा था और अब तक उसे दो तमाचों और अनगिनत गालियों से नवाज चुका था।

"भूतनी के, रिक्शा चला रहा है या सो रहा है।" ट्रैफिक कांस्टेबिल दहाड़ा।

"ग...गलती हो गई साब। माफ कर दो।" अपना गाल सहलाते हुए रामदीन घिघियाया।

"अब यहाँ खड़ा क्यों जाम लगा रहा है। दफा क्यों नहीं होता साले।"

रामदीन रिक्शे से उतरा और बदहवासी में पैदल ही रिक्शा खींचते हुए भगा

ले गया। पीछे से ट्रैफिक कांस्टेबिल ने जोर से रिक्शे को लात मारी और बुदबुदाया, ''सालों ने दिल्ली में गंद फैला रखा है।''

चौराहा पार कर रामदीन ने सड़क के किनारे रिक्शा रोक दिया। उसका गाल इस समय बुरी तरह से जल रहा था। कांस्टेबिल का हाथ क्या था एकदम हथौड़ा था और उसके गाल पर तो दो हथौड़े पड़े थे। रामदीन को इस पिटाई का कोई अफसोस नहीं था। इसका तो वह अभ्यस्त हो चुका था। आज तो वाकई उसकी गलती थी। अक्सर तो उसे और उस जैसे अनेकों रिक्शावालों को बिना गलती के भी मार खानी पड़ती थी। उसके मस्तिष्क में रह-रहकर कांस्टेबिल के अंतिम शब्द गूँज रहे थे। क्या सचमुच उसने दिल्ली में गंद फैला रखा है? क्या उसके और उसके जैसे औरों के न होने से दिल्ली साफ-सुथरी हो जाएगी? शायद उसकी झुग्गी भी इसी कारण से गिराई जा रही है। ताकि दिल्ली साफ-सुथरी बन सके।

रामदीन तिलक ब्रिज के पीछे बनी झुग्गी बस्ती में गत पाँच वर्षों से रह रहा था। एक सप्ताह पहले इस झुग्गी बस्ती का वातावरण अचानक गर्म हो उठा। जब इसको तोड़ने के लिए अवैध निर्माण विरोधी दस्ता सक्रिय हो उठा। बस्ती को चारों ओर से अनेक बुलडोजरों ने घेर लिया था। ऐसे अवसर पर कुछ राजनीतिक दलों के नेता वहाँ पहुँच गए थे और धरने आदि अनेक प्रदर्शनों के द्वारा फिलहाल तोड़-फोड़ की कार्रवाई स्थगित हो गई थी। रामदीन को इसका आभास था कि ये नेता उनसे सहानुभूति जताने नहीं बल्कि अपनी राजनीतिक रोटियाँ सेंकने के लिए एकत्रित हुए हैं। फिर भी इस समय ये नेता इन झुग्गीवासियों के लिए किसी भगवान से कम नहीं थे। फिलहाल तोड़-फोड़ की तलवार अभी भी झुग्गीवासियों के सिर पर लटक रही थी।

रामदीन ने आदत के मुताबिक गमछे से अपना मुँह पोंछा और रिक्शे पर सवार हो गया। चलने से पहले उसने पुनः चौराहे की ओर दृष्टि घुमाई। एक कार गलत लेन में फँस गई थी जिस कारण फिर से जाम लग गया था। वही ट्रैफिक कांस्टेबिल अन्य वाहनों को हाथ से रुकने का संकेत कर कार को सही लेन में ला रहा था।

अंधकार होने से पहले ही रामदीन धड़कते दिल से बस्ती की ओर लौट पड़ा। दूर से जब उसे बस्ती की झलक दिखाई दी तो उसने राहत की साँस ली। वहाँ रोजाना का वातावरण व्याप्त था। बस्ती के समीप एक कोने में कुछ बुलडोजर खड़े थे। उनके आगे एक तंबू गड़ा हुआ था। तंबू के बाहर एक बैनर लटका हुआ था जिसके ऊपर मोटे-मोटे अक्षरों में धरना लिखा हुआ था। बैनर के नीचे एक कागज चिपका हुआ था जिस पर हाथ से 'सातवाँ दिन' लिखा हुआ था। तंबू के अंदर एक दरी पर नेताजी लेटे हुए थे। जिनके इर्द-गिर्द अनेक व्यक्तियों की भीड़ जमा थी। हाँ, अन्य दिनों

की अपेक्षा आज नारेबाजी नहीं हो रही थी। नेताजी ने एकदम चकाचक सफेद रंग का कुर्ता-पाजामा पहना हुआ था। रामदीन को नेताजी के वस्त्र और तोंद देखकर आश्चर्य हुआ। धरने के सातवें दिन भी कपड़ों की सफेदी और तोंद बरकरार है।

झुग्गी में प्रवेश करते ही रामदीन को पन्ना का गमगीन चेहरा दिखाई दिया। वह यंत्रचालित अवस्था में चारपाई पर सोए हुए बच्चे को पंखा कर रही थी। रामदीन पर निगाह पड़ते ही वह उठने को तत्पर हुई। रामदीन ने उसे हाथ के संकेत से मना किया और खुद ही घड़े से पानी निकालकर पीने लगा।

''सुना है अब तो कोरट ने भी झुग्गियों को तोड़ने का हुक्म दे दिया है।'' पन्ना की धीमी और डरी हुई आवाज आई।

''हूँ...'' रामदीन ने दीर्घ निःश्वास छोड़ा और चिंतित अवस्था में जमीन पर बैठ गया।

''अब क्या करेंगे?'' पन्ना पूर्ववत् स्वर में बोली।

पन्ना की बात अनसुनी करते हुए रामदीन ने पूछा, ''सुखिया का बुखार उतरा के नहीं?''

''कहाँ उतरा। वैद्यजी कह रहे थे बदलते मौसम का बुखार है। उतरने में टैम लगेगा।''

''हूँ।''

''जो झुग्गी टूट गई तो क्या करेंगे?'' पन्ना ने दोबारा प्रश्न किया।

''करना क्या है? खुले आसमान के नीचे अपना डेरा लगाएँगे।''

''बारिशें भी तो शुरू हो गई हैं।''

रामदीन ने कोई उत्तर नहीं दिया। वह बेचैन हो उस स्थिति की कल्पना करने लगा।

इस बार पत्नी क्रोधयुक्त स्वर में बोली, ''जाने सरकार को हम लोगों से क्या बैर है? अरे, एक कोने में पड़े हैं। न किसी से कुछ ले रहे हैं, न दे रहे हैं।''

''गंद तो फैला रहे हैं।'' रामदीन धीमे स्वर में बड़बड़ाया। उसे ट्रैफिक कांस्टेबिल का सुबह का कथन ''दिल्ली में गंद फैला रखा है।'' याद आ गया।

''अरे, हम अपना घर बार, गाँव छोड़कर परदेश में आए हैं दो पैसे कमाने के लिए। सो वो भी हमसे सरकार छीनना चाहती है।''

''क्यों आए हो परदेश में? क्या सरकार ने कहा था कि अपना सब कुछ छोड़कर यहाँ पे मरने आओ।'' रामदीन ने सरकार की पैरवी की।

पत्नी ने तीव्र स्वर में विरोध किया, ''कोई अपना गाँव खुशी से छोड़कर नहीं आता। क्यों सरकार ने गाँवों में रोजी-रोटी कमाने का इन्तजाम न किया? क्यों सारी सहूलियतें शहर के लोगों को ही दीं? फिर सरकार को हम लोगों के यहाँ आने से क्या चिढ़ है? आखिर अपने ही देश तो आए हैं। आज दिल्ली में जो ऊँचे-ऊँचे लोग

बैठे हैं, उनमें ज्यादातर बँटवारे के टैम रिफ्यूजी बनकर यहाँ आए थे। हम तो इसी देश के हैं। वो तो दूसरे देश से आए थे। उनके साथ तो कोई भेदभाव नहीं होता।''

रामदीन के पास कोई उत्तर नहीं था।

अगले दिन शाम को रामदीन बस्ती लौटा तो उसे अपनी झुग्गी के स्थान पर मलबे का ढेर दिखाई दिया।

वर्षा पूरे जोरों से हो रही थी। एक तो अँधेरी रात, उस पर प्रचंड बरसात, कुछ दिखाई दे पाना भी दुष्कर था। रामदीन और पन्ना बस स्टैंड के शेड के नीचे खड़े सूनी आँखों से हो रही वर्षा को ताक रहे थे। सुखिया रामदीन की गोद में अचेतावस्था में पड़ा था। बस स्टैंड पर उनके अतिरिक्त और कोई नहीं था।

पन्ना ने मौन तोड़ा, ''तुम तो कहते थे खुले आसमान के नीचे रहेंगे। अब बताओ, कहाँ जाएँ?''

रामदीन ने कोई उत्तर नहीं दिया। वह चुपचाप सामने देखता रहा।

''और न सही, कम से कम मलबे से अपना सामान तो उठा लेते।'' जवाब न पाकर पन्ना ने दूसरा प्रश्न किया।

''इस बारिश में हाथ को हाथ तो सुझाई दे नहीं रहा। तू कहती है, सामान उठा लाऊँ। सुबह देखेंगे।''

''हाँ। जैसे सुबह तक सामान बचा रहेगा।'' वह बड़बड़ाई।

रामदीन चिंतामिश्रित स्वर में बोला, ''मुझे तो सुखिया की बड़ी चिंता हो रही है। इसका ताप तो बढ़ता ही जा रहा है।''

''दिखाओ तो जरा।'' कहते हुए पन्ना ने सुखिया को रामदीन की गोद से ले लिया। उसके माथे पर हाथ रखते हुए रुआँसे स्वर में बोली, ''हाय दैया! ये तो तवे की तरह तप रहा है।''

रामदीन ने पन्ना के मुख पर दृष्टि डाली। उसका चेहरा इस समय भीगा हुआ था। रामदीन अनुमान लगाने लगा कि पन्ना का चेहरा बरसात की बौछारों से भीगा है या आँसुओं से।

पन्ना फिर बोली, ''सुखिया के बापू, सुखिया को किसी भी तरीके डाक्टर के पास ले जाओ।''

''पागल हो रही है क्या? इस टैम डाक्टर मिलेगा क्या? वो भी इस तूफानी रात में? फिकर मत कर। सवेरे तक बारिश थम जाएगी। फिर ले चलूँगा इसे डाक्टर के पास।''

पन्ना ने शोकपूर्ण मुद्रा में सिर हिलाया और सुखिया को अपनी छाती से लगा लिया।

दिन निकल आया था। एकदम सुहावनी सुबह थी। रात जाते-जाते वर्षा को भी साथ ले गई थी। हाँ, यदा-कदा पेड़-पौधों से अभी भी पानी की बूँदें टपक रही थीं। इस सुहावने मौसम में दो सज्जन सुबह की सैर पर जा रहे थे। सैर करते-करते दोनों झुग्गी बस्ती के सामने से गुजरे जो इस समय मलबा बस्ती बन चुकी थी।

पहले सज्जन ने मलबे की ओर दृष्टिपात करते हुए प्रसन्नचित्त स्वर में कहा, ''वाह साहब! आखिर सरकार ने गंदगी हटाने की दिशा में कुछ तो सार्थक पहल की।''

दूसरे सज्जन ने समर्थन किया, ''हाँ। वरना मैं तो सोचे बैठा था कि पूरी जिंदगी इस कूड़ा घर को झेलना होगा। थैंक गॉड।''

''मैं तो जब भी यहाँ से गुजरता था तो नाक पर उँगली रखनी पड़ती थी। मारे बदबू के नाक फट जाती थी।'' पहले सज्जन नाक पर हाथ रखते हुए बोले।

''इन झुग्गी वालों को गंदगी फैलाने में मालूम नहीं क्या मजा आता है। पूरे शहर को नरक बना रखा है।''

''अब सरकार इस जगह का क्या करेगी?''

''सुनने में तो यह आया है कि यहाँ एक चिल्ड्रन पार्क बनेगा। खूब बड़ा। सुना है खूब सारे झूले और फव्वारे लगेंगे।''

''वाह! बच्चों की तो लॉटरी निकल आई।''

''बच्चों की तो लॉटरी निकली ही है। साथ-साथ हमारी भी निकल आई है। इस नरक से जो छुटकारा मिल गया।''

दोनों सज्जन चलते-चलते अचानक रुक गए। सामने से आ रही एक शव-यात्रा को रास्ता देने के लिए वे सड़क के एक कोने में हो गए। शव-यात्रा एक बच्चे की थी। एक व्यक्ति ने श्वेत वस्त्र में लिपटे हुए बच्चे के शव को उठा रखा था। साथ में सात-आठ व्यक्ति भी चल रहे थे। शव उठाए व्यक्ति ने अपना आँसुओं से भरा चेहरा ऊपर उठाया। वह रामदीन का चेहरा था।

बटुआ

रोजाना की भाँति मैं सुबह की सैर पर निकल पड़ा था। अपनी जिंदगी के नित्यकर्मों में इससे अधिक मुझे और कुछ नहीं सुहाता। मैं एक दिन का खाना-पीना त्याग सकता हूँ। एक दिन दफ्तर जाना छोड़ सकता हूँ, अकारण। और तो और, एक दिन के लिए अपनी पत्नी (जो मुझे संसार में सबसे प्रिय है) से बोलचाल छोड़ सकता हूँ। लेकिन अगर कोई मुझसे कहे कि एक दिन मैं सैर पर न जाऊँ तो यह असंभव है। आँधी हो या बरसात मुझे याद नहीं पड़ता कि मैंने कभी सुबह की सैर को टाला हो। यहाँ मैं यह भी नहीं कहूँगा कि खराब स्वास्थ्य के कारण सैर का नागा हुआ क्योंकि भगवान की दया से मेरा स्वास्थ्य कभी खराब हुआ भी नहीं। शायद यह भी मेरी सुबह की सैर का फल है।

खैर मैं निकल पड़ा अपनी प्रिय सैर को। सूरज महाराज आहिस्ता-आहिस्ता अपने पाँव पसार रहे थे। प्रकाश अभी पूरी तरह से विद्यमान नहीं हुआ था। रास्ते में लोगों के कम और कुत्तों के दर्शन अधिक हुए। पार्क घर से लगभग एक किलोमीटर की दूरी पर था। एक किलोमीटर पार्क तक जाना, दो किलोमीटर वहाँ टहलना और फिर एक किलोमीटर वापसी—यही मेरी रोजाना की सैर थी। पार्क तक पहुँचते-पहुँचते अँधेरा पूरी तरह से ढल चुका था। वहाँ सब कुछ जाना-पहचाना था। वही रोजाना के चेहरे चहलकदमी कर रहे थे। बच्चे झूला झूलने में मग्न थे। वृद्ध स्त्रियाँ झुंड बनाकर भजन-गान कर रही थीं। एक स्थान पर योगा की शिक्षा दी जा रही थी। जाने कब से यह दृश्य देखते आ रहा हूँ लेकिन मेरा कभी इनसे मन नहीं भरा था। आज भी इन दृश्यों को देखकर मैं अपने नैनों को तृप्त कर रहा था।

पार्क में चहलकदमी करते हुए सहसा मेरा ध्यान एक क्यारी की ओर गया। वहाँ छोटे-छोटे फूल खिले हुए थे जिनके पास मुझे किसी वस्तु के पड़े होने का भ्रम हुआ। समीप आकर देखा तो वह भ्रम न होकर एक छोटा-सा काले रंग का बटुआ था। मैं पसोपेश में पड़ गया कि उसे उठाऊँ कि नहीं। मैंने अपने आसपास देखा।

किसी का ध्यान मेरी ओर नहीं था। मैंने बटुआ उठा लिया और काँपते हाथों से उसे खोला। खोलते ही मुझे पाँच-पाँच सौ के नोटों की झलक दिखाई दी। मैंने गिना तो वे कुल छः नोट थे। तीन हजार रुपये—अचंभित स्वर में ये शब्द मेरे मुख से निकले। बटुआ मैंने अपने कुर्ते की जेब में डाला और कदमों का रुख सीधा घर की ओर कर दिया।

यूँ तो रविवार के दिन मुझे घर पहुँचने की कोई जल्दी नहीं होती क्योंकि मेरे कार्यालय का अवकाश होता है। परंतु आज मैं तेज कदमों से घर की ओर चला जा रहा था। मेरा मस्तिष्क मेरे कदमों से भी तेज भाग रहा था। कैसे खर्च करूँगा मैं यह रुपये? मुझे अपनी जीवन बीमा की किस्त याद आई। उसकी निर्धारित तिथि गुजरे एक माह से भी अधिक बीत चुका था। परंतु मेरे तंग हाथ के कारण उसे चुकाना अभी शेष था। सबसे पहले अपनी किस्त भरूँगा, विलंब शुल्क के साथ। पाँच-छः सौ रुपये तो फिर भी बचेंगे। उनका क्या करूँ? चलो, अगले रविवार को धर्मपत्नी के साथ सिनेमा देखने चलते हैं। खाना भी बाहर होटल में खा लेंगे। खूब मजा आएगा।

मजे का विचार आते ही मस्तिष्क ने अचानक एक घुमाव लिया। मेरा ध्यान उस अज्ञात व्यक्ति की ओर गया जिसका बटुआ खो गया था। न जाने वह कौन था? हो सकता है उसे इन पैसों की बहुत आवश्यकता हो। हो सकता है इस बटुए को ढूँढ़ने के लिए वह मारा-मारा फिर रहा हो। मैं स्वभावतः बहुत धार्मिक प्रवृत्ति का हूँ। पराए धन को छूना भी पाप समझता हूँ। मेरा दृढ़ विश्वास है कि नाजायज धन बहुत जल्द ही भगवान निकाल लेते हैं और दो गुना-तिगुना करके निकालते हैं। माना कि यह धन मैंने छीना नहीं, ठगा नहीं, चुराया नहीं, फिर भी है तो यह पराया धन ही। मेरा फर्ज है कि उस व्यक्ति को ढूँढ़ निकालूँ जिसका यह बटुआ है। उसे यह बटुआ वापस कर दूँ।

यह विचार मन में आते ही मेरे कदम थम गए। मैंने बटुआ जेब से निकाला और पुनः उसका निरीक्षण किया। लेकिन रुपयों के अतिरिक्त उसमें और कुछ भी नहीं था। मुझे बटुआधारी व्यक्ति पर क्रोध आया। ये भी कोई बात हुई। रुपये तो रख लिए लेकिन अपनी पहचान का कोई प्रमाण नहीं रखा। मैं धर्म-संकट में फँस गया। कहाँ ढूँढ़ूँगा उसको? कुछ देर सोचने के पश्चात् मैंने कदमों का रुख पुनः पार्क की ओर मोड़ लिया। संभव है वह व्यक्ति पार्क में इस बटुए को ढूँढ़ रहा हो। जल्दी करूँ, कहीं वह निराश होकर वापस ही न चला जाए। मैंने अपनी चाल तेज कर दी।

पार्क पहुँचकर मुझे वह व्यक्ति नहीं मिला। मैंने वहाँ उपस्थित सभी व्यक्तियों को, उनकी क्रियाओं का, उनके मनोभावों का बड़ी सूक्ष्मता से निरीक्षण किया लेकिन मुझे निराशा ही हाथ लगी। अभी भी अनेक लोग वहाँ सैर कर रहे थे। किसी ने

जॉगिंग सूट पहना हुआ था तो किसी ने कुर्ता-पाजामा। बटुआ इन कपड़ों के लिए तो बिलकुल उपयुक्त नहीं। मैं बहुत देर वहाँ खड़ा सोचता रहा परन्तु किसी निष्कर्ष पर नहीं पहुँच सका। निराश हो मैं फिर से घर की ओर चल पड़ा।

घर तक के रास्ते मैं बटुआ और उसके मालिक के बारे में ही सोचता रहा। हारकर मैंने इसे पुलिस स्टेशन में जमा कराने का निश्चय किया। पुलिस अपने आप ढूँढ़कर उस व्यक्ति को बटुआ वापस कर देगी। मुझे तो छुट्टी मिले। कुछ देर घर में आराम करता हूँ और फिर नाश्ता करके पुलिस स्टेशन चला जाऊँगा।

नाश्ता करते हुए भी मैं चाहकर बटुए को न भूल सका। मस्तिष्क का नकारात्मक पक्ष मेरे सामने आकर खड़ा हो गया। क्या पुलिस बटुआ उस व्यक्ति को वापस कर देगी? यह भी तो हो सकता है कि बटुए की रकम पुलिस खुद ही डकार जाए। मैंने अनेकों हिंदी फिल्मों में पुलिस का चरित्र देखा था। हरेक में उनकी बेईमान और भ्रष्ट छवि ही दिखाई गई थी। मान भी लिया, बटुआ किसी ईमानदार पुलिस वाले के हाथ लग भी गया तो भी उस बटुआधारी को कैसे ढूँढ़ा जाएगा? उसका कोई सबूत तो है ही नहीं। मैंने यह इरादा भी त्याग दिया।

एक कोने में रखे समाचार-पत्र पर मेरी निगाह गई। तुरंत दिमाग में एक विचार कौंधा। समाचार-पत्र में बटुआ पाने का विज्ञापन प्रकाशित करा देता हूँ। वह व्यक्ति खुद ही बटुआ आकर ले जाएगा। मगर जिस तीव्रता से यह विचार मेरे मन में आया था, उसी तेजी से लुप्त भी हो गया। मैं भी कैसा पागल हूँ। किसी और के रुपयों के लिए मैं अपने रुपये क्यों व्यय करूँ। विज्ञापन कोई मुफ्त में तो छप नहीं जाएगा। फिर यह भी तो हो सकता है कि विज्ञापन पढ़कर कुछ ऐसे महाशय भी आ जाएँ जिनका बटुए से दूर-दूर तक कोई वास्ता न हो। मेरे पास बटुए के मालिक की कोई पहचान भी तो नहीं है।

मुझे स्वयं पर बहुत क्रोध आने लगा। मेरे स्थान पर कोई और होता तो रुपये पाकर खुशी से फूला न समा रहा होता। इसके उलट मैं बेचैन और तनावग्रस्त हो रहा हूँ। रुपये भी नहीं लिए और परेशानी अलग से ले ली। क्यों भगवान ने मुझे इस प्रकृति का बनाया? जितना परेशान मैं हो रहा हूँ, हो सकता है, उतना परेशान तो वह व्यक्ति भी न हो जिसका बटुआ खोया है।

मुझे चिंताग्रस्त देख मेरी पत्नी ने कारण पूछा। मैंने उसे सारा वृत्तांत सुना दिया' वे हालात भी बता दिए जिनके कारण वह बटुआ अभी भी मेरे पास था। मेरी पत्नी को मुझसे सहानुभूति हुई। वह भी एक धार्मिक प्रवृत्ति की चिंताशील स्त्री है। मेरा अनुसरण करते हुए वह भी सोच-विचार में डूब गई। इससे पहले अनेक कठिन अवसरों पर उसने मेरी सहायता की थी। आज भी ऐसा ही हुआ। उसने मुझे यह पैसा किसी सामाजिक संस्था में जमा कराने का सुझाव दिया। यह विचार मुझे जम गया। बटुआ वाले का मिलना तो लगभग असंभव था। सामाजिक संस्था में जमा कराने से कम

से कम यह पैसा किसी भलाई के काम तो आएगा।

मैंने मन ही मन पत्नी को धन्यवाद दिया और तैयार हो झट से बाहर निकल गया। बटुआ मैंने अपनी कमीज की जेब में रख दिया। जितना जल्दी हो सके, मैं उस बटुए से पिंड छुड़ाना चाहता था। घर से लगभग पाँच किलोमीटर की दूरी पर एक अनाथ आश्रम था। मैंने वह बटुआ वहीं जमा कराने का निश्चय किया। मैं बस स्टॉप पर पहुँचा और अनाथ आश्रम जाने के लिए बस पकड़ ली। अब मैं कुछ हल्का-हल्का महसूस कर रहा था। बहुत जल्दी बटुए की परेशानी मेरे मस्तिष्क से हटने वाली थी।

बस में बहुत भीड़ थी। गंतव्य स्थान के आने पर बस से उतरने में मुझे बहुत कठिनाई हुई। किसी तरह भीड़ से जूझता हुआ मैं बस से नीचे उतरा। बाहर आकर मैंने अपने कपड़ों को टटोला तो मेरा हृदय धक्क रह गया। किसी ने मेरी पैंट की अगली जेब काट ली थी। जिसमें मेरे कुछ आवश्यक कागजात एवं रुपये थे। मेरे क्रोध की सीमा नहीं रही। मैं किसी दूसरों के पैसों की रक्षा के लिए मारा-मारा फिर रहा हूँ और मेरे रुपयों पर ही किसी ने हाथ साफ कर दिया। मैंने अपनी कमीज की जेब टटोली। बटुआ अपने स्थान पर सुरक्षित था।

मैं कुछ देर हतप्रभ सा वहीं खड़ा रहा। मेरे हृदय में इस समय भारी उथल-पुथल मची हुई थी। मुझे ऐसा लग रहा था कि मेरे साथ बहुत बड़ी बेइंसाफी हो गई है। काफी देर विचारने के पश्चात् मैंने एक अंतिम निर्णय लिया और अपने कदमों का रुख अनाथ आश्रम से हटाकर पुनः घर की ओर कर दिया।

वह बटुआ अब मेरा था।

एक था बसंता

मैं अपनी सीट से उठ बैठा। एकबारगी अफसर के केबिन की ओर दृष्टि घुमाई, फिर घड़ी की ओर दृष्टिपात किया। अभी केवल चार बजे थे। दफ्तर बंद होने में एक घंटा शेष था। स्टेनो अभी-कभी कान में फुसफुसा गई थी कि अफसर मीटिंग में चला गया है। एक घंटा से पहले तो क्या वापस आएगा। मुझे लगा कि अच्छा मौका है, निकल जाना चाहिए।

मैंने अलमारी लॉक की, अपना बैग उठाया और पुनः इधर-उधर दृष्टिपात किया। मेरे बगल की सीट पर बैठे रमेश ने फाइलों के ढेर में से अपना सिर निकाला और आश्चर्य-मिश्रित स्वर में बोला, ''अभी से! अभी तो केवल चार बजे हैं।''

मैं रमेश के पास जाकर धीमे स्वर में बोला, ''अफसर मीटिंग में चला गया है। अच्छा मौका है। खिसक चलते हैं।''

''ये फाइलों का ढेर देख रहे हो।'' रमेश अपने सामने रखी फाइलों का अंबार दिखाते हुए बोला, ''बहुत अर्जेंट काम है। आज नहीं निपटाया तो अपनी खाट खड़ी हो जाएगी।''

''मैं कुछ मदद करूँ?''

''नहीं-नहीं। यह तो केवल मुझे ही करना होगा। बहुत पुराना केस है। तुम्हें इसका इतिहास समझाने लगा तो सारा समय इसी में बीत जाएगा।''

''ओ. के.। जैसा तुम ठीक समझो।''

''वैसे जा कहाँ रहे हो तुम? कोई लड़की-वड़की का चक्कर तो नहीं है?'' रमेश ने आँख मारी।

''अरे नहीं यार!'' मैं ठंडी साँस छोड़ते हुए बोला, ''अपनी ऐसी किस्मत कहाँ।''

दफ्तर से बाहर निकलते समय मेरा विचार घर जाने का था। मेरा घर यानी कि सुरुचि अपार्टमेंट्स के सोसाएटी फ्लैट्स में से एक फ्लैट का किराए पर लिया गया छोटा-सा कमरा। लेकिन बाहर आकर मैं ठिठक गया। इतनी जल्दी घर जाकर

भी क्या करूँगा? खाली घर तो जैसे काटने को दौड़ता है। वैसे भी कबूतर के दड़बे जैसे छोटे से कमरे को घर थोड़े ही कहते हैं। घर तो बनता है उसमें रहने वाले लोगों से। एक छोटे से कमरे में मैं एक अदना-सा आदमी। क्या यही घर है?

मैंने अपने कदम दूसरी दिशा में मोड़ लिए। मैंने सोचा कि कुछ देर बाजार में घूम लिया जाए। सर्दियों के दिन थे और चमकीली धूप बहुत भली लग रही थी। वैसे भी बाजार में घूमना मुझे बहुत पसंद है। एक तो बाजार की रौनक, दूसरे वहाँ पर स्थित गर्ल्स हॉस्टल की रंग-बिरंगी आधुनिक पोशाकों में घूमती लड़कियाँ। शाम होते ही रौनक और अधिक बढ़ जाती थी। मनचले लड़कों की भीड़ बाजार की रौनक में और अधिक वृद्धि कर देती थी। इनमें कुछ खुशकिस्मत लड़कों को अपना शिकार मिल भी जाता था, या यूँ कहिए कि शायद वे खुद ही शिकार बन जाते थे। कुछ ऐसे बदकिस्मत भी होते थे जो इन खुशकिस्मतों को मन मसोसकर देखते रहते थे। वैसे तो मैं इन मनचले लड़कों की आयु सीमा को पार कर चुका था, लेकिन कहीं न कहीं मैं दूसरी किस्म के बदकिस्मतों में अपना शुमार पाता था।

लेकिन बाजार जाने का विचार भी मैंने त्याग दिया। क्या लाभ अपना मन मसोसने का। बाजार में घूमकर समय तो जरूर कट जाता है लेकिन अकेलेपन का अहसास अंदर-ही-अंदर घर कर जाता है।

फिर कहाँ जाऊँ? मैं बहुत देर तक अपने स्थान पर खड़ा सोचता रहा। पुनः मेरे कदम दफ्तर की ओर मुड़ गए। लौट के बुद्धू घर को आए...नहीं...दफ्तर को आए।

"क्या हुआ?" मुझे वापस लौटा देख रमेश ने मुस्कराते हुए पूछा।

"बस...ऐसे ही...।" मैं खिसियानी हँसी हँसा।

रमेश अपनी फाइलों के ढेर को छोड़कर मेरे पास आ गया। वह मेरे दिल की हालत समझता था। आखिर पूरे शहर में एक अकेला वही तो मेरा मित्र था।

"मैंने कितनी बार तुम्हें समझाया है कि शादी कर लो। आखिर कब तक अकेले जिंदगी गुजारते रहोगे।" रमेश हमदर्दी भरे स्वर में बोला।

मैं कुछ देर शांत बैठा रहा। क्षणिक अंतराल के बाद धीमे स्वर में बोला, "मैं शादी करना ही नहीं चाहता।"

"पर क्यों?"

मैं चुप रहा। भला रमेश को कैसे सच्चाई बताऊँ। फिर सिर झुकाए धीमे स्वर में बोला, "तुम मेरे स्वभाव से भली-भाँति परिचित नहीं हो। बहुत गरम दिमाग है मेरा। बात की बात में क्रोधित हो जाता हूँ। भला कौन स्त्री बर्दाश्त करेगी मेरे स्वभाव को।"

"क्यों? मैं भी तो बर्दाश्त कर रहा हूँ तुम्हें।"

"तुम्हारी बात और है। तुम औरों जैसे नहीं हो।"

"तो ठीक है। फिर मेरे से ही शादी कर लो।"

एक गंभीर वार्तालाप सहसा ही हँसी की बौछार में परिवर्तित हो गया था।

आखिर पाँच बजने के बाद ही मैं कार्यालय से निकला। घर कार्यालय से बामुश्किल दो किलोमीटर की दूरी पर था। अक्सर दफ्तर से निकलने के बाद मैं टहलते-टहलते ही घर चला जाता था। आज भी यही स्थिति थी। मैं चलता जा रहा था और रमेश की मुझे शादी करने की सलाह के बारे में सोच रहा था। साथ ही मेरे मस्तिष्क में वर्षों पहले डॉक्टर के कहे गए शब्द गूँज रहे थे, "तुम सेक्स करने के काबिल नहीं हो।" इतनी बड़ी बात कितनी सहजता से कह दी थी उस डॉक्टर ने। अब पूरी जिंदगी मुझे इस राज को अपने अंदर दफन रखना है। किसी से भी नहीं कह सकता। उधर गाँव से माँ के भी अनेकों पत्र आ चुके हैं। हर पत्र में कभी किसी लड़की का ब्यौरा होता है तो कभी किसी का। कब से टालता आ रहा हूँ माँ को। आखिर कब तक टालूँगा...?

दफ्तर से घर के रास्ते में एक बड़ा चौराहा पड़ता है जिसे भूमिगत पथ के रास्ते पार करना होता है। वहीं मेरी निगाह वहाँ खड़े लड़के पर गई। उसकी उम्र लगभग दस बरस होगी। नंगे पैर, मैले कपड़े लेकिन एकदम गोरा-चिट्टा था वह। उसके चेहरे में ऐसा भोलापन था कि बरबस ही मेरी दृटि उस पर टिक गई। मुझे अपनी ओर ताकता देख वह भी मुझे टकटकी बाँध देखने लगा।

चौराहा पार करने के पश्चात् मैंने देखा कि वह लड़का मेरे पीछे-पीछे ही चला आ रहा है। मैंने अपनी चाल तेज कर दी। मुझे मालूम था कि वह मुझसे क्या चाहता है।

"साब-साब...।" वह भागता-भागता मेरे करीब आकर मुझे संबोधित करने लगा।

मैंने चलते-चलते रुखाई से पूछा, "क्या है?"

"साब-साब, कुछ काम मिलेगा?"

मैं ठिठक गया। मेरा अनुमान गलत था। मैं सोच रहा था कि वह मुझसे पैसे माँगेगा।

"काम! मेरे पास तो कोई काम नहीं है तुम्हें देने के लिए।" मेरे स्वर में तनिक नरमी आ गई थी।

"साब, अपने पास से नहीं तो अपने किसी जानने वाले से काम दिला दो।" अपनी छोटी-छोटी भूरी आँखों से मुझे देखता हुआ वह याचना भरे स्वर में बोला।

मैंने सिर से पाँव तक लड़के का सूक्ष्मता से निरीक्षण किया। उसका गोरा चेहरा कुम्हलाया हुआ था। होठ सूखे हुए थे जिन पर वह बार-बार जीभ फेर रहा था। शरीर पर जगह-जगह मैल जमी हुई थी। ऐसा लगता था कि वह बहुत दिनों से नहाया नहीं है। दिखने में वह पहाड़ी प्रतीत होता था।

"नाम क्या है तुम्हारा?"

"बसंता।"

"पहाड़ी हो?"

"हाँ साब।"

"घर से भागकर आए हो?"

वह निरुत्तर बना रहा। उसने अपना सिर झुका लिया।

"क्यों भागे हो घर से?"

"सौतेली माँ बहुत मारती थी।"

"और पिताजी...?"

"वो नहीं हैं।"

मालूम नहीं, क्यों उसके प्रति मेरे मन में एक आत्मीयता की भावना उपजी। शायद इसलिए कि उसमें मुझे अपनी ही छवि के दर्शन हो रहे थे क्योंकि वह भी इस शहर में अकेला था...बिलकुल मेरी तरह।

"बहुत भूख लगी है क्या?" उसकी दशा देखकर ही मैं समझ गया था कि वह भूखा होगा।

"कल से कुछ नहीं खाया साब।"

मैं बसंता का हाथ पकड़ते हुए बोला, "चलो पहले कुछ खा लो।"

वह कुछ देर मेरे साथ चला। बीच रास्ते में ही सहसा उसे क्या सूझा कि उसने अपना हाथ छुड़ा लिया।

"क्या हुआ?" मैं आश्चर्य-मिश्रित स्वर में बोला।

"साब, मैं फोकट में कुछ नहीं खाऊँगा। आप मुझे कोई काम दिला दो।"

मेरे आश्चर्य की सीमा नहीं रही। इतना स्वाभिमान, वो भी इस मासूम में। उसका यह स्वाभिमान मेरे अंतर्मन को छू गया।

"काम भी दिला दूँगा, पहले कुछ खा तो लो। जब तक कुछ खाओगे नहीं, काम कैसे करोगे।"

वह असमंजस की स्थिति में मेरे साथ चल पड़ा। मैं बसंता को एक ढाबे पर ले गया, जहाँ उसने डटकर खाना खाया। उसके खाना खाने के दौरान ही मैं उसे लेकर एक फैसला ले चुका था।

"आप यहाँ रहते हैं साब।"

बसंता कौतूहल भरी आँखों से मेरे दड़बानुमा कमरे को देख रहा था। उसे विश्वास नहीं हो रहा था कि मेरे जैसा टिप-टॉप आदमी ऐसी घटिया जगह पर भी रह सकता है।

"आप यहाँ अकेले रहते हैं साब?"

"हाँ।"

"बाकी घरवाले...?"

"गाँव में हैं। माँ है और एक छोटा भाई है।"

"मुझे क्या काम करना पड़ेगा साब?"

"तुम्हें यहाँ रहना होगा।"

वह मेरा मुँह ताकने लगा। मैंने उसे समझाया, "देखो बसंता, तुम्हें यहाँ पर रहना है। नौकर बनकर नहीं, बल्कि मेरा साथी-मेरा भाई बनकर। और यह मत समझना कि मैं तुम पर किसी प्रकार का कोई एहसान कर रहा हूँ। मैं इतने बड़े शहर में एकदम अकेला हूँ। मुझे इस अकेलेपन का एक साथी चाहिए, और वह तुम हो।"

बसंता निस्पंद खड़ा अपनी छोटी-छोटी आँखों से मुझे अपलक निहारे जा रहा था। कुछ क्षण पश्चात् उसने डरते-डरते पूछा, "साब, आप मुझे पुलिस के हवाले तो नहीं कर देंगे?"

मैं क्रोधित होकर बोला, "पागल हो गए हो क्या? अगर तुम्हें पुलिस के हवाले ही करना होता तो यहाँ क्यों लाता। सीधा पुलिस स्टेशन न ले जाता।"

"पर साब..." बसंता ने प्रतिरोध किया।

"मैं कुछ नहीं सुनूँगा। और हाँ, आगे से तुम मुझे साब नहीं बोलोगे। भइया या भाई साहब बोलोगे। ठीक है?"

बसंता ने सिर झुका लिया।

उस दिन से बसंता मेरे साथ रहने लगा। एक और एक ग्यारह। बसंता के आने से वह दड़बा सचमुच घर लगने लगा। मैं उसके लिए बाजार से कुछ जोड़ी नए कपड़े और दूसरा आवश्यक सामान खरीद लाया। जब वह नहा-धो कर कपड़े बदलकर सामने आया तो उसका हुलिया एकदम बदल चुका था।

बसंता ने सचमुच मेरी पतझड़ रूपी जिंदगी में बसंत बनकर प्रवेश किया। उस दिन के पश्चात् मुझे कभी अकेलेपन का अहसास नहीं हुआ। उसकी उपस्थिति सदा मुझे जताती रहती थी कि मैं इस शहर में अकेला नहीं हूँ। मैंने अपने स्वभाव में भी एक अजीब परिवर्तन महसूस किया। अब मैं पहले की अपेक्षा काफी प्रसन्नचित्त रहने लगा। जरा-जरा सी बात पर मेरा परेशान होना, लगातार सोचना कम हो गया। बसंता में भी मैंने एक परिवर्तन महसूस किया। अब वह एकदम शांत रहने लगा। अपनी ओर से वह कम ही बातें करता था, केवल मेरी पूछी गई बातों का ही जवाब देता था। बसंता की आँखों में मेरे प्रति सदा एक कृतज्ञता का भाव रहता था। उसे लगता था कि मैंने उसे सहारा देकर उस पर बहुत बड़ा एहसान किया है। अब उसे यह कैसे समझाता कि एहसान मैंने उस पर नहीं, उसने मुझ पर किया है। बहरहाल, बसंता का सान्निध्य पाकर मेरा जीवन ही बदल गया था। एक घिसी-पिटी जिंदगी

की एकरसता टूट गई थी।

एक बात मुझे बहुत खटकती थी। घर के सभी काम बसंता ही करता था। जैसे खाना बनाना, सफाई करना, कपड़े धोना वगैरह-वगैरह। मुझे वह कुछ भी नहीं करने देता था। मैंने अनेकों बार उसे यह समझाने की कोशिश की, कि वह यहाँ का एक सदस्य है, नौकर नहीं। लेकिन वह नहीं मानता था। हाँ, वैसे वह एकदम साफ-सुथरा बना रहता था। और किसी भी दृष्टि से सोसायटी के हमउम्र लड़कों से कम नहीं दिखता था।

एक दिन एक अप्रत्याशित बात हुई। दफ्तर से लौटने पर मैंने बसंता से कहा कि वह कमरे में सारा समय ऊब जाता होगा, इसलिए मेरी अनुपस्थिति में सोसायटी के हमउम्र लड़कों के साथ खेल लिया करे। बसंता ने जो उत्तर दिया, उसे सुनकर मैं स्तंभित रह गया। उसने बताया कि सोसाएटी के लड़कों को उनके माँ-बाप ने उसके साथ खेलने से मना कर रखा है। इसलिए कोई भी लड़का उसके साथ खेलने को तैयार नहीं होता।

मैं भी कुछ समय से सोसायटी के लोगों में अपने प्रति बदले व्यवहार को महसूस कर रहा था। जो लोग मुझे देखते ही अभिवादन करते थे, वे अब मुझे टेढ़ी निगाह से देखते हुए सीधा निकल जाते थे। कई बार मुझे लगा कि मेरी पीठ पीछे खुसुर-फुसुर का सिलसिला शुरू हो जाता था। उसी दिन की बात लें। मेरे मकान मालिक तिवारी जी कितनी आत्मीयता और जोश से मुझसे मिलते थे। उस दिन मिले तो बिना कुछ कहे चुपचाप आगे निकल गए। उस समय तो मुझे लगा था कि शायद किसी कारण उनका मूड़ उखड़ा हो, लेकिन आज बसंता की बात सुनकर मुझे विश्वारा हो गया कि दाल में कुछ काला जरूर है।

"तुम्हें कैसे पता कि लड़कों के माँ-बाप ने उनको तुम्हारे साथ खेलने से मना कर रखा है?" मैंने बसंता से अकारण ही प्रश्न किया।

"खुद लड़कों ने बोला है।" कहकर बसंता ने सिर झुका लिया।

मैं पुनः सस्पेंस में डूब गया। क्या कारण हो सकता है इस बर्ताव का? कहीं बसंता ने तो कुछ...नहीं-नहीं। बसंता जैसे स्वाभिमानी लड़के पर किसी प्रकार का कोई संदेह करना उसके साथ ज्यादती होगी। फिर क्या बात है? कहीं न कहीं कुछ गड़बड़ तो जरूर है।

मेरा सस्पेंस अधिक देर तक बरकरार नहीं रहा। मैं और बसंता खाना खाने ही बैठे थे कि सहसा दरवाजा खटखटाया गया। मैंने दरवाजा खोला तो सोसायटी के पाँच-छः लोगों को खड़ा पाया। सबसे आगे तिवारी जी थे जिनकी चिर-परिचित मुस्कराहट इस समय नदारद थी। मेरे मस्तिक में खतरे की घंटी बजनी आरंभ हो गई।

"हरीश जी, हम आपसे एक मुद्दे पर विचार-विमर्श करने आए हैं।" तिवारी

जी मुझसे संबोधित हुए।

"जरूर। पर तिवारी जी, पहले अंदर तो आइए।"

सभी अंदर आकर बैठ गए।

"हरीश जी, अगर बुरा न मानें तो एक बात पूछूँ।" तिवारी जी ने मुझे उनकी ओर प्रश्नवाचक मुद्रा में निहारते देख पूछा।

"जी जरूर।"

"यह लड़का कौन है?" तिवारी जी ने बसंता की ओर अँगुली उठाई। बसंता इस दौरान मेरे साथ आकर बैठ गया था।

"बसंता।" मैंने संक्षिप्त उत्तर दिया।

"मैं इसका नाम नहीं पूछ रहा। मैं यह जानना चाह रहा हूँ कि इसका आप से क्या रिश्ता है।"

"रिश्ता!...यह मेरा भाई है।" कहकर मैंने बसंता के कंधे पर अपने हाथ रख दिए।

"मगर यह तो पहाड़ी दिखता है। और जहाँ तक मुझे ज्ञात है, आप तो पहाड़ी नहीं हैं।" इस बार तिवारी जी की बगल में बैठे गुप्ता जी बोले।

"गुप्ता जी, जरूरी नहीं कि हर रिश्ता खून का ही रिश्ता हो। कई बार देखा गया है कि समय आने पर खून के रिश्ते दगा दे जाते हैं और निःस्वार्थ भाव से बनाए गए रिश्ते ही काम आते हैं। मगर मुझे अभी तक यह समझ नहीं आया कि आप आखिर कहना क्या चाहते हैं।"

मेरे स्वर में अब धीरे-धीरे तल्खी आनी आरंभ हो गई थी।

इस बार तिवारी जी नम्रता भरे स्वर में बोले, "देखिए हरीश जी, मैं आपका बहुत सम्मान करता हूँ। आप मेरे घर में इतने समय से रह रहे हैं लेकिन न आपने मुझे कभी शिकायत का मौका दिया और न ही मैंने। मेरी आपसे गुजारिश है कि इस लड़के को आप अपने साथ मत रखिए।"

"लेकिन आपने अभी तक बताया नहीं कि इसने आखिर आपका क्या बिगाड़ा है।" इस बार मैं तीव्र स्वर में बौखलाया हुआ बोला।

"सोसायटी वालों को आपत्ति है।"

"क्या आपत्ति है?"

तिवारी जी कुछ देर शांत बैठे रहे, इधर-उधर देखा, फिर फँसे स्वर में बोले, "वो...वो...सोसायटी के लोगों का कहना है कि...कि...आप इस लड़के के साथ... गलत हरकतें करते हैं।"

पहले तो मेरी समझ में कुछ नहीं आया लेकिन क्षणांश के पश्चात् जब मैं इस बात का मंतव्य समझा तो मेरा दिमाग कुंद हो गया। उफ, इतना घिनौना आरोप! मैं काफी देर जड़वत् अपने स्थान पर बैठा सभी की सूरतें देखता रहा। धीरे-धीरे

मेरे कान गरम होने लगे। क्रोध में अक्सर मेरे कान ऐसे ही गरम हो उठते हैं। मैं अपनी उसी चिर-परिचित क्रोधावस्था में आ गया, जिसका अनुभव मेरे कुछ नजदीकी लोगों को ही है।

''गेट आऊट। गेट आऊट फ्राम हियर।'' मैं सोसायटी के पढ़े-लिखे वरिष्ठ व्यक्तियों पर चिल्लाया।

सभी घबराकर उठ खड़े हुए। बसंता भी मेरा यह रूप देखकर सहम गया।

''जाते हैं हरीश जी। लेकिन मेरी बात ध्यान रखना। आप पछताएँगे।'' तिवारी जी नरम स्वर में चेतावनी देने लगे।

मैं पुनः चिल्लाया, ''क्या कर लेंगे आप? हैं...क्या कर लेंगे? यहाँ से निकाल देंगे...यही ना? जो जी में आए, करो। सुन लिया...''

क्रोधावेश में मैं काफी देर तक चिल्लाता रहा। बसंता चुपचाप गमगीन मुद्रा में खड़ा मुझे निहारता रहा। धीरे-धीरे मेरे कानों की गरमाहट कम होने लगी। मेरे क्रोध का उफान भी धीरे-धीरे शांत होने लगा।

मेरे आश्चर्य की सीमा नहीं थी। मैं बुरी तरह से कसमसा रहा था। ऐसा सोचते हैं सोसायटी वाले मेरे बारे में। अगर बसंता के स्थान पर मैं कोई नौकर रख लेता तो इन लोगों को कोई एतराज नहीं होता। सभी के सभी संभ्रांत, शिक्षित परिवारों से हैं, फिर भी ऐसी घटिया मानसिकता।

उस रात हम दोनों ने खाना नहीं खाया। बसंता भी एकदम गुमसुम था। वैसे जो आरोप हम पर लगाया गया था, उसे समझने के लिए बसंता की उम्र बहुत कम थी। लेकिन ऐसा लगता था कि वह अपनी उम्र से अधिक बड़ा था।

पूरी रात मैं सो नहीं सका। जो घटिया आरोप मुझ पर लगाया गया था, वह हजम नहीं हो पा रहा था। मैंने लाख कोशिश की, लेकिन मस्तिष्क से उस तोहमत को नहीं हटा सका। मैंने बसंता की ओर दृष्टिपात किया तो वह भी मुझे करवटें बदलता दिखाई दिया।

अगले दिन मैं दफ्तर नहीं गया। कारण, रात में नींद न आने और लगातार सोचते रहने के कारण तीव्र सिर-दर्द। वैसे भी मेरी मानसिक स्थिति ऐसी नहीं थी कि मैं दफ्तर जा सकूँ। पूरा दिन शांत गुजरा। मैं और बसंता दोनों गुमसुम रहे।

शाम को रमेश आया। वह दफ्तर से सीधा ही चला आया था। मुझ पर दृष्टि डालते ही वह समझ गया कि कुछ गड़बड़ है।

''क्यों मियाँ, आप दफ्तर क्यों नहीं पधारे? कोई खबर भी नहीं की।''

''बस यूँ ही।'' मैं मरे स्वर में बोला।

''क्यों, क्या हुआ?''

मैंने रमेश को सारा वृत्तांत सुना दिया। सुनने के बाद वह गंभीर मुद्रा में आ गया।

''यह है बसंता?'' रमेश ने बसंता की ओर देखते हुए पूछा।

"हाँ।"

"लड़का तो एकदम गोरा-चिट्टा है। अगर सोसायटी वालों के मन में संदेह उत्पन्न हुआ है तो उनका दोष नहीं है।"

"क्या बकवास कर रहे हो? तुम भी उन्हीं का पक्ष ले रहे हो?"

रमेश हँस पड़ा। फिर कुछ क्षण पश्चात् गंभीर स्वर में बोला, "देखो हरीश, मेरी बात समझने की कोशिश करना। तुम एक अपार्टमेंट में रह रहे हो, जहाँ कई फ्लैट्स हैं, जिनमें कई परिवार हैं। इन अपार्टमेंट वालों की जिंदगी कुछ हटकर होती है। ये सब मिल-जुलकर रहते हैं और आपत्तिजनक बातों से बचते हैं। तुमने एक अनजान लड़के को घर में रखा है और यह बात यहाँ के बाशिंदों को अजीब लग रही है। इसलिए अजीब कि अमूमन ऐसा कम होता है। अब यहाँ इतने लोग रहते हैं तो संभव है कि इनमें से कुछ संकीर्ण मानसिकता वाले लोगों ने यह बेसिरपैर की बात फैला दी होगी। और जिन लोगों को इस बात पर विश्वास हो गया होगा, उन्हें भय होगा कि यहाँ एक गलत प्रैक्टिस की शुरुआत हो जाएगी, जिसका असर..."

"लेकिन मैंने ऐसा क्या अजीब किया है?" मैं रमेश की बात बीच में काट तिलमिलाते हुए बोला।

"अजीब तो है ही। लोग कुत्ता-बिल्ली पालते हैं और तुम हो कि..."

"वैरी गुड, क्या कहने!" मैं व्यंग्यात्मक स्वर में बोला, "पहली बात तो यह है कि मैं बसंता को पाल नहीं रहा हूँ। दूसरी बात यह है कि अगर मैं पाल भी रहा हूँ तो इसमें क्या हर्ज है। तुम ही तो कह रहे हो कि लोग कुत्ता-बिल्ली पालते हैं। कुत्ता-बिल्ली पालने में बुराई नहीं है लेकिन इंसान का बच्चा पालने में बुराई है। बहुत खूब!"

एक बार फिर मेरे कानों का ताप बढ़ने लगा था।

"लेकिन अजीब तो लगता ही है।" रमेश ने फिर पुराना राग आलापा।

"टू हैल विद योअर अजीब।" इस बार मैं रमेश पर गरज उठा, "तुम भी इन सोसायटी वालों से हटकर नहीं हो। चले जाओ यहाँ से। मुझे किसी की सलाह की जरूरत नहीं है। गेट आऊट।"

रमेश के चेहरे का रंग उड़ गया। इससे पहले उसने कभी मेरे इस रूप के दर्शन नहीं किए थे। कुछ देर वह स्तब्ध खड़ा रहा, फिर बिना कुछ कहे सिर झुकाकर चला गया।

बसंता आया, डरा-सहमा, अपलक मुझे निहारने लगा। मैंने उससे नजरें चुरा लीं।

"भइया।" वह कातर आँखों से मुझे देखता हुआ धीमे स्वर में बोला, "आप कहो तो मैं यहाँ से चला जाता हूँ।"

"तुम क्यों जाओगे यहाँ से?" मैं तीव्र स्वर में बोला, "हमारा दोष ही क्या

है? अगर ये सब हमसे कटना ही चाहते हैं तो ऐसा ही सही।''

''पर भइया...''

''मैं इस बारे में कुछ नहीं सुनूँगा। अभी तुम छोटे हो। इस मामले में दखल मत दो।''

बसंता चुपचाप सिर झुकाए चला गया।

उस दिन के पश्चात् सोसायटी के सभी बाशिंदे मुझसे कटने लगे। वे जो मुझे देखते ही लपककर अभिवादन करते थे, चुपचाप सिर झुकाए सीधे निकलने लगे। यहाँ तक कि बच्चे भी मुझे देखकर मुँह फेरने लगे। मैं समझ गया कि सोसायटी वालों ने मेरा अघोषित बहिष्कार शुरू कर दिया है। सोसायटी में एक किरयाने की दुकान थी। उसके दुकानदार ने किसी भी तरह का सौदा देने से इनकार कर दिया। दूधवाला, जो कि सुबह खुद आकर दूध दे जाता था, उसने भी दूध देने में असमर्थता जाहिर कर दी। हाँ, मुझे आशंका थी कि तिवारी जी कमरा खाली करने को कहेंगे। ऐसा कुछ भी नहीं हुआ।

मुझे अफसोस था तो रमेश से दुराव का। उस दिन के पश्चात् हम दोनों के बीच कोई बात नहीं हुई। गलती मेरी ही थी। मैं ही तैश में आकर बरस पड़ा था उस पर। कई बार मैंने कोशिश की कि रमेश से अपने किए की क्षमा माँगूँ, लेकिन हर बार मेरा स्वाभिमान आड़े आ गया।

बसंता अब हर पल गुमसुम रहने लगा। कम तो वह पहले ही बोलता था, अब तो उसने एकदम होठ सी लिए। मेरी हर बात का वह ''हाँ-हूँ'' में ही जवाब देता था। उसकी चमकदार भूरी आँखें निस्तेज हो गई थीं। उसे देखकर लगता था, जैसे वह किसी भयानक यंत्रणा से गुजर रहा है। मैंने महसूस किया कि जाने-अनजाने हम दोनों के बीच भी एक दीवार खड़ी हो गई है। ऐसी दीवार, जिसकी एक-एक ईंट चिल्ला-चिल्लाकर मुझे और बसंता को अलग होने को कह रही है। मुझे यह दीवार तोड़नी है, हर हाल में तोड़नी है।

लेकिन यह उतना सरल नहीं था। कुछ दीवारों की ईंटें इतनी मजबूत होती हैं कि उन्हें तोड़ना बहुत दुष्कर है। कुछ दिन बाद गाँव से अचानक माँ आ गई।

''माँ तुम! अचानक! बिन खबर के!'' मैं लगभग चिल्ला उठा।

माँ ने कोई उत्तर नहीं दिया। वह इधर-उधर देखने लगी।

''कहाँ है वह लड़का?'' कुछ क्षण की चुप्पी के पश्चात् माँ ने पूछा।

मैं समझ गया कि माँ बसंता के बारे में पूछ रही है। लेकिन माँ को किसने बताया? सोसायटी वालों ने? रमेश ने? किसने...?

''कौन सा लड़का?'' मैं जानबूझ कर अनजान बनते हुए बोला।

''ज्यादा होशियार मत बन। तू जानता है, मैं किसके बारे में पूछ रही हूँ।''

''तुम्हें किसने बताया?'' मेरे स्वर में भी तल्खी आ गई थी।

"किसी ने भी बताया हो। कहाँ है वो लड़का?"

"तुम्हें उससे क्या काम है?"

"मैंने उसे यहाँ से भगाना है।"

मेरे कान पुनः गरम हो चुके थे। अपने क्रोध पर भरपूर काबू पाते हुए मैंने इतना ही पूछा, "क्यों?"

माँ मेरे तेवर भाँप चुकी थी। उसे मालूम था कि जल्द ही मैं अपने आप पर नियंत्रण खोने वाला हूँ। अपने स्वर को नरम बनाते हुए वह बोली, "देख बेटा, जिस समाज में हम रहते हैं, वहाँ के नियमों और संस्कारों का पालन हमें करना पड़ता है। अगर यहाँ के लोगों को उस लड़के के तेरे साथ रहने पर एतराज है तो तुझे उनकी बात मान लेनी चाहिए। अगर मेरी बात मानकर तू शादी कर चुका होता, तो फिर कोई एतराज की बात ही नहीं थी। मगर एक अकेले कुँवारे आदमी का किसी के साथ भी रहना इन लोगों को हजम नहीं होता। मुझे तुझ पर पूरा विश्वास है लेकिन बेटा, समाज को भी तो देखना होता है। तू मेरी बात मान। अब शादी कर ले। फिर कोई कुछ नहीं कहेगा।"

बसंता, जो बाजार सामान लेने गया हुआ था, लौट चुका था और एक कोने में चुपचाप खड़ा हम दोनों को टकटकी बाँधे देख रहा था।

"नहीं माँ, मैं यह नहीं कर सकता।" एक दृढ़ निश्चय के साथ मैं अपने क्रोध का उफान शांत करते हुए बोला।

"ठीक है। अगर तूने मेरी यह बात नहीं माननी, तो मैं यहाँ से जाती हूँ।"

"जैसा तुम चाहो माँ।" मैं बागी हो चला था।

माँ को अपने आज्ञाकारी पुत्र से यह आशा नहीं थी। वह कुछ क्षण भौचक्की खड़ी मेरा मुँह ताकती रही। फिर वह जाने के लिए मुड़ी तो उसकी निगाह बसंता पर गई। कुछ देर बसंता को चुपचाप देखते रहने के पश्चात् वह चली गई। माँ की मुझे अधिक चिंता नहीं थी। इसी शहर में माँ का मुँहबोला भाई रहता है। जरूर माँ उसी के पास जाएगी।

बसंता आँखें फाड़-फाड़कर अपलक मुझे निहारे जा रहा था। उसकी छोटी-छोटी भूरी आँखों में असंख्य प्रश्न थे। मैं भी उसे देखकर कुछ विचलित हो उठा, लेकिन उसने मुझसे किसी तरह का कोई प्रश्न नहीं किया।

उस रात मुझे एक अजीब सपना आया। मैं एक निर्जन स्थान पर बसंता का हाथ थामे खड़ा हूँ। दूर से सैकड़ों लोगों की भीड़ आ रही है। जब वे समीप आते हैं तो उनके चेहरे दृष्टिगोचर होते हैं कई जाने-पहचाने चेहरे हैं जिनमें माँ, तिवारी जी और रमेश सबसे आगे हैं। वे सब आते हैं और बसंता को मुझसे छीनने का भरसक प्रयत्न करते हैं। मैं पूरा जोर लगाता हूँ लेकिन अंततः मेरी पकड़ ढीली होती जाती है। वे सब बसंता को साथ लिए चुपचाप वापस लौट जाते हैं। मैं चिल्लाने

की कोशिश करता हूँ लेकिन मेरे मुँह से कोई आवाज नहीं निकलती।

मैं उठ बैठा। मैं पसीने से पूरी तरह भीगा हुआ था और मेरी साँस धौंकनी की तरह चल रही थी। सूर्योदय हो चुका था। दिन का सपना हमेशा सच होता है, यह विचार आते ही तुरंत मैंने बसंता की चारपाई पर दृष्टि डाली। बसंता वहाँ नहीं था। एक अज्ञात आशंका से मेरा हृदय धड़क उठा।

मैंने आवाज लगाई, बसंता-बसंता। लेकिन वहाँ कोई नहीं था। मैं तुरंत उठा, बाहर देखा। बसंता वहाँ भी नहीं था। मैंने फौरन कपड़े पहने और बदहवासी की स्थिति में भागा। उसी स्थान की ओर जहाँ मैं पहली बार बसंता से मिला था। लेकिन बसंता ने नहीं मिलना था और वह नहीं मिला।

इस बात को अनेकों वर्ष बीत गए हैं। कई मौसम आए और उन्होंने दम तोड़ा, लेकिन बसंता के प्रति मेरी यादें दम नहीं तोड़ पाईं। आज भी दफ्तर से लौटते समय जब मैं उस चौराहे से गुजरता हूँ, तो एकबारगी रुककर चारों ओर दृष्टि घुमा लेता हूँ। जब मुझे वह नहीं दिखता जिसे मैं देखना चाहता हूँ, तो अनायास ही मेरी आँखें डबडबा जाती हैं और मैं थका-हारा, निस्सहाय-सा अपने बोझिल कदम आगे बढ़ा देता हूँ।

सोणी बेटी

कमली का मूड इस समय बहुत अच्छा था। इसमें कोई नई बात नहीं थी। अक्सर उसका मूड अच्छा ही होता था। हो भी क्यों न! जब वह बाहर निकलती, राह में अनगिनत आँखें उसकी ओर टिकी होतीं। उसके घर से बाहर कदम रखते ही अनेक कोनों पर छितराए आशिक सचेत हो जाते ताकि उसकी एक झलक देखने को मिल जाए। उनमें से कुछ तो उसके पीछे-पीछे भी हो लेते ताकि उसे बार-बार देख अपनी आँखो को तृप्त कर सकें। जाने कब से यह सब देखती आ रही थी कमली। इस समय भी वह रोजाना के यह क्रियाकलाप प्रसन्नता से झेलकर आ रही थी।

वह वाकई बहुत खूबसूरत थी। इतनी खूबसूरत कि शब्दों में व्यक्त करना कठिन। उसकी बड़ी-बड़ी काली आँखें, तीखी नाक, सुर्ख लाल गाल और उन सब पर हर पल छाई मंद मुस्कान। जवान तो जवान, अधेड़ और वृद्ध भी जब उसे एक निगाह देखते तो देखते ही रह जाते। इस समय वह अपने सोलहवें साल में थी। घर की माली हालत ऐसी न थी कि वह अपने वस्त्रों और शृंगार पर अधिक ध्यान दे सके। हाँ, उसके निखरे रंग-रूप के सामने उसके साधारण रख-रखाव पर कोई गौर भी नहीं करता था।

कमली की खूबसूरती की हर कोई प्रशंसा करता था। अपनी तारिफ सुनना किसे अच्छा नहीं लगता। लेकिन सबसे अधिक खुश तो वह तब होती थी जब उसके अपने 'बाजी' तारिफ करते थे। प्यार से पिता को वह 'बाजी' कहकर संबोधित करती थी। 'बाजी' की तो वह पक्की लाड़ली थी। उसकी जिंदगी में शायद ही कोई ऐसा लम्हा हो जब उसके 'बाजी' ने उसे डाँट पिलाई हो। 'बाजी' तो हमेशा उसे 'मेरी सोणी बेटी' कहकर ही संबोधित करते थे। उनका बस चलता तो वह अपनी सारी धन-दौलत अपनी सोणी बेटी पर लुटा देते। लेकिन उन्हें गम इस बात का था कि उनके पास धन-दौलत थी ही नहीं। दो वर्ष पहले एक ट्रेन दुर्घटना में वे अपने दोनों पाँव गँवा चुके थे। कुदरत की इस मार ने उनको दाने-दाने का मोहताज कर दिया

था। उनकी इस लाचारी के चलते परिवार के भरण-पोषण का भार उनकी पत्नी के कंधों पर आ गया था। किसी तरह से दूसरों के कपड़े सिल-सिल कर बड़ी कठिनाई से दो समय के खाने का जुगाड़ हो पाता था। लेकिन इतनी तंगी के बावजूद भी 'बाजी' ने कमली को पढ़ाई नहीं छोड़ने दी थी।

आज कमली कुछ अधिक ही खुश थी। सुबह से ही 'बाजी' तारीफ पर तारीफ किए जा रहे थे। बाजी की खुशी का कारण था। पड़ोस के सरदार जी सुबह-सुबह बोल गए थे कि सरकार विकलांगों के लिए कोई नई योजना शुरू कर रही है जिसके अनुसार विकलांगों को प्रतिमाह कोई भत्ता दिया जाएगा। बाजी कह रहे थे कि शुक्र है सरकार को लाचारों की कुछ सुध तो आई। अपनी सारी खुशी वह अपनी सोणी बेटी पर लुटा रहे थे।

झाईजी (माँ) ने उसकी तंद्रा को भंग किया, "नी कमलीए, जाके बाजार से आधा किलो आलू ले आ। और सारी सब्जियाँ तो मरजानी सोने के भाव जा रही हैं।"

"क्या झाईजी, अभी तो बाहर से आके बैठी हूँ। अब फिर जाने को कह रहे हो।" कमली ने रूठने का अभिनय किया। यद्यपि यह सोचकर ही वह रोमांचित हो उठी कि फिर से वह बाहर जाएगी और फिर से उस पर छत्तीसों निगाहें उठेंगी।

"लै। मुझे पहले क्या सपना आना था कि आलू खत्म हो जाएँगे। आजकल कुछ ज्यादा ही बातें बनाने लगी है।" झाईजी ने डाँटा।

कमली लाड़पन में 'बाजी' की ओर मुखातिब हुई, "देख लो बाजी, झाईजी मुझपे किस तरह हुकम चला रही है।"

'बाजी' ने झाईजी को देख झूठमूठ आँखें तरेरीं, "खबरदार जो मेरी सोणी बेटी को चूँ भी की।" फिर कमली को देख शहद भरे मीठे स्वर में बोले, "जा मेरी सोणी बेटी, तू आलू ले के आ, तब तक मैं तेरी झाईजी की खबर लेता हूँ।"

'बाजी' की इस बात पर झाईजी ने अपने माथे पर हाथ मारा। उन्हें यह करते देख कमली हँसते हुए घर से बाहर निकल गई।

बाहर आकर उसे कुछ मायूसी हुई। सर्दियों के दिन होने के कारण अंधकार कुछ शीघ्र ही अपने पाँव पसार चुका था। बाहर छितराए आशिक मायूस होकर वापस जा चुके थे। कमली ने इधर-उधर नजरें घुमाईं, फिर अपने कंधे उचकाकर बुदबुदाई, "हुं, मुझे क्या..."

सब्जी मंडी घर से दूर थी। कमली तेज कदमों से चलती हुई चौराहे के समीप पहुँच गई। हरी बत्ती हो चुकी थी। वह सड़क पार करने के लिए प्रतीक्षा करने लगी। वहाँ अन्य व्यक्ति भी सड़क पार करने के लिए खड़े थे। उनमें एक सूटेड-बूटेड अधेड़ उम्र का व्यक्ति निरंतर कमली की ओर देखे जा रहा था। उसे ऐसा करते देख कमली के होठों पर छाई मुस्कान और गहरी हो गई। लाल बत्ती होने पर कमली सड़क पार

करने लगी। अधेड़ व्यक्ति चलते-चलते कमली के समीप आ गया। कमली को गहरी निगाहों से देखते हुए उसने पूछा, "ओ तू क्या हरनाम सिंह की कुड़ी है?"

"ना।" उसने मुस्कराते हुए सिर हिला दिया।

"फिर मैंने तुझे कहाँ देखा है? याद नहीं आ रहा।"

सड़क पार करने के पश्चात् अधेड़ व्यक्ति फुटपाथ के किनारे खड़ी एक चमचमाती कार के समीप आ गया। कार का द्वार खोल वह ड्राइविंग सीट पर बैठ गया।

"तू शायद सब्जी मंडी जा रही है। आ मैं छोड़ देता हूँ। मैंने भी उस तरफ जाना है।" वह कमली के हाथ में पकड़े थैले पर गहरी दृष्टि डालते हुए बोला।

कमली असमंजस की स्थिति में खड़ी रही। उसका ध्यान निरंतर कार पर था। बचपन से ही उसकी तमन्ना थी कि वह भी कभी कार में बैठे।

अधेड़ ने दोबारा कमली से पूछा। इस बार कमली अपने को रोक नहीं पाई और उसकी बगल में सीट पर बैठ ही गई। अधेड़ ने गाड़ी आगे बढ़ा ली।

"कौन सी क्लास में पढ़ती है तू?" उसने कमली को घूरते हुए प्रश्न किया।

"दसवीं में।" कमली ने उसकी ओर देखे बिना उत्तर दिया। रोमांचित अवस्था में वह गाड़ी के बाहर की गतिविधियों को देख रही थी।

"घर में कौन-कौन है तेरे?"

"बाजी है और झाईजी है।"

"बाजी! ये बाजी क्या होता है?"

"बाजी मतलब मेरे बाऊजी।" हँसकर कमली उत्तर देने के लिए अधेड़ की ओर मुड़ी। अधेड़ की आँखों में उसने एक अजीब सी चमक देखी। भयभीत हो उसने पुनः अपनी निगाह गाड़ी के बाहर कर ली।

बाहर की ओर दृष्टिपात करते ही वह लगभग चिल्लाते हुए बोली, "ओ अंकलजी, आप मुझे कहाँ ले जा रहे हो? सब्जी मंडी तो पीछे छूट गई है।"

"ओए तू फिक्र मत कर। आगे एक और सब्जी मंडी है। वहाँ से तुझे सब्जी अच्छी और सस्ती मिल जाएगी। परेशान न हो। मैं तुझे घर छोड़ के आऊँगा।"

कमली रुआँसे स्वर में बोली, "मुझे नहीं जाना दूसरी सब्जी मंडी। आप तो मुझे यहीं उतार दो।"

"डर मत पुत्तर। मेरी तरफ देख। क्या मैं तुझे कोई बदमाश दिखता हूँ।" अधेड़ पुचकार भरे स्वर में बोला।

कमली ने अधेड़ की ओर नहीं देखा। उसका दिल इस समय धाड़-धाड़ बज रहा था। उसने गाड़ी के बाहर दृष्टि डाली। बाहर चमकता हुआ जुगनू रूपी प्रकाश न जाने कहाँ लुप्त हो गया था। गाड़ी सुनसान रास्ते में प्रवेश कर चुकी थी।

अचानक अधेड़ ने कार सड़क के एक किनारे रोक दी। डरी-सहमी कमली

ने उसकी ओर प्रश्नवाचक दृष्टि डाली तो उसका भय और गहरा हो गया। अधेड़ की आँखों में एक वासना भरी चमक थी। उसके होठों पर एक अजीब-सी मुस्कराहट नृत्य कर रही थी। अचानक ही उसने कमली को अपनी बाँहों में भर तेजी से भींचना आरंभ कर दिया। कमली ने अपने को छुड़ाने की भरसक कोशिश की, पर वह केवल फड़फड़ाकर रह गई। उसने चिल्लाने की कोशिश की लेकिन उसके मुख से कोई बोल ही नहीं निकल पाया।

कमली को जब और कुछ नहीं सूझा तो उसने अधेड़ की पीठ में अपने दाँत गड़ा दिए। अधेड़ के मुख से एक हल्की-सी आह निकली और उसकी पकड़ ढीली हो गई। कमली ने अपने को उससे मुक्त किया और तेजी से उसका हाथ कार के द्वार की ओर बढ़ा। अभी वह द्वार खोल भी नहीं पाई थी कि अधेड़ का एक झन्नाटेदार तमाचा उसके गाल पर पड़ा। कमली की आँखों के आगे धीरे-धीरे अँधेरा छाने लगा। बेहोशी के आलम में जाने से पूर्व एक पल को उसकी दृष्टि अधेड़ की आँखों में गई। एकदम गहरी लाल आँखें थीं उसकी।

कमली को जब होश आया तो उसने खुद को सड़क के एक किनारे पाया। उसके पूरे शरीर में तीव्र पीड़ा हो रही थी। अधेड़ और उसकी गाड़ी का कहीं नामोनिशान नहीं था। हिम्मत करके वह धीरे-धीरे उठी। उसने अपनी दशा पर एक निगाह डाली। सलवार-कमीज एकदम धूल में लथपथ थी। चुन्नी न जाने कहाँ गुम थी।

कमली ने घर की दिशा की ओर रुख कर लिया। शून्य में ताकती हुई वह धीरे-धीरे घर की ओर कदम बढ़ाने लगी। इस समय उसका मस्तिष्क भी पूरी तरह से शून्यावस्था में था। ज्ञान-शून्य, संज्ञा-शून्य, अनुभूति-शून्य...यही उसकी दशा थी। वह ऐसे कदम बढ़ा रही थी जैसे किसी खिलौने को रिमोट कंट्रोल द्वारा संचालित किया जा रहा हो। उसे नहीं मालूम था कि उसके इर्द-गिर्द क्या घटित हो रहा है। कब उसने चलना आरंभ किया और कब वह अपने घर के समीप पहुँची, उसे कुछ नहीं ज्ञात था।

द्वार पर झाईजी चिंतित अवस्था में खड़ी थी। कमली पर निगाह पड़ते ही उन्होंने दूर से ही तीव्र स्वर में बोलना शुरू कर दिया, "नी कमलिए, कहाँ रह गई थी तू? कब से उडीक रही हूँ तुझे। और ये क्या हालत बना रखी है? और तू तो आलू लेने गई थी। वो कहाँ हैं?"

कमली ने कोई जवाब नहीं दिया। उसी शून्यावस्था में ताकते हुए वह अंदर प्रवेश कर गई।

"ओ बताती क्यों नहीं?" झाईजी ने झुंझलाते हुए पूछा।

एक कोने में पुराने तख्त पर बैठे 'बाजी' ने झाईजी को डाँटा, "ओ तू बच्ची को साँस तो लेने दे। आते ही बम-गोले दाग देती है।" फिर कमली की ओर मुखातिब होकर स्नेहपूर्ण स्वर में बोले, "हाँ बच्ची, क्या हुआ था?"

"गिर गई थी।" कमली के बड़ी कठिनाई से होठ खुले।

'बाजी' परेशान अवस्था में तीव्र स्वर में बोले, "ओ कहीं ज्यादा लग-वग तो नहीं गई?"

कमली ने "नहीं" की मुद्रा में सिर हिला दिया।

झाईजी कमली के पास आ गई और प्यार से उसके सिर पर हाथ फेरकर बोली, "कोई बात नहीं चल जाकर दूसरी सलवार-कमीज पहन ले। धूल-मिट्टी से एकदम लिबड़ी पड़ी है तू।"

कमली धीरे-धीरे चलती हुई कमरे की ओर बढ़ गई। दरवाजे की चिटखनी बंद करते हुए उसके कानों में 'बाजी' की आवाज आई, "धूल-मिट्टी में लिबड़ी है तो क्या हुआ। फिर भी सबसे ज्यादा चमकती है मेरी सोणी बेटी।"

जिंदगी में यह पहला अवसर था जब कमली को 'बाजी' के इन शब्दों से कोई खुशी नहीं हुई। वह एक कोने में रखी चारपाई पर बैठ गई और फफक-फफक कर रोने लगी।

नींद नहीं आती

दीवार घड़ी ने एक बजे का घंटा बजाया। वह अपने बिस्तर से उठा, बल्ब का स्विच दबाया और खिड़की के बाहर एक दृष्टि डाली। चारों ओर गहन अंधकार, कहीं कोई हलचल नहीं। आसपास के सभी घरों में अंधकार व्याप्त था। उसे सबसे ईर्ष्या हुई। कितने सुख-चैन से सो रहे हैं सब।

रोजाना की भाँति आज भी उसकी आँखों में नींद नहीं थी। वह अनुमान लगाने लगा कि कितने दिनों से उसकी रातें यूँ आँखों ही आँखों में कट रही हैं। जल्द ही उसकी गणना दिनों से प्रारंभ होकर महीनों पर जा पहुँची।

पलँग के साथ सटी चारपाई पर बेसुध सोई पत्नी को देख उसका मन एक अजीब वितृष्णा से भर उठा। जाने कितने अरसे से यह मुझसे अलग सो रही है। खुद मेरा ही कौन-सा मन करता है पत्नी से बातें करने का। घर में किससे निबाह किया है इसने? पिताजी तो अब रहे नहीं। लेकिन जब तक वे रहे, सदा इससे दुःखी ही रहे। उनके जीवन के अंतिम समय में तो यह मायके ही भाग गई थी ताकि किसी तरह की सेवा न करनी पड़े। माँ से तो मालूम नहीं, इसका कौन से जन्म का बैर है। हमेशा उनकी दमे की बीमारी को लेकर मिनमिनाती रहती है। माना, माँ सारा दिन खाँसती रहती है लेकिन इस तरह घृणा करना क्या जरूरी है? अगर मेरी माँ के स्थान पर इसकी अपनी माँ की यह दशा होती, तो भी क्या इसका यही व्यवहार होता? हर घड़ी मेरे पीछे पड़ी रहती है कि माँ को छोटे भाई के यहाँ छोड़ आओ। अब यह कैसे संभव है कि बड़े भाई के होते माँ को छोटा भाई सँभाले। साथ ही उसकी माली हालत भी ऐसी नहीं है कि वह ये जिम्मेदारी सँभाल सके। अभी तो बेचारा खुद का खर्च चलाने में ही असमर्थ है। मेरे से ही कौन सा व्यवहार ठीक है इसका। माँ को लेकर ताने पर ताना तो देती ही है, मेरी कमाई से भी संतुष्ट नहीं है। अभी उस दिन कितनी धृष्टता से बोली थी, "मैं तो शादी से पहले राज कर रही थी। मुझे क्या पता था कि शादी के बाद मेरी किस्मत में भूखे-नंगे के घर

में जाना लिखा है।" इसकी इन बातों से मेरे तन बदन में तो आग लग जाती है। क्या करूँ, इसके माँ-बाप से भी शिकायत नहीं कर सकता। वे तो खुलेआम अपनी लाड़ली बेटी का पक्ष लेते हैं। बड़े घर की बेटी जो ठहरी।

पत्नी के बारे में सोच उसका हृदय उद्विग्न हो उठा। क्या फिर आज की रात रोते-कलपते बितानी पड़ेगी? पूरी दुनिया घोड़े बेचकर सो रही है और यहाँ वह खुद घोड़ा बना हुआ है। न दिन में चैन, न रात को आराम। कुछ सोचकर वह उठा, अलमारी खोली और नींद की गोलियों की शीशी निकाल ली। एक गोली लेकर वह लेट गया और मुँह पर चादर डाल ली।

लेकिन वह सो नहीं सका। इस बार उसका ध्यान अपनी माँ की ओर चला गया। माँ ही कौन सी कम है। जबान की काली तो शुरू से ही थी, दमे की बीमारी के बाद और भी चिड़चिड़ी हो गई है। मुझे तो उन्होंने कभी नाम लेकर ही नहीं पुकारा। हर समय "जोरू का गुलाम" कहती है। "ए जोरू के गुलाम इधर आ। ए जोरू के गुलाम ये कर।" आखिर मेरी भी बर्दाश्त की कोई सीमा है। कब तक सुन सकता हूँ मैं ये सब? मेरी पत्नी को भी अगर माँ से चिढ़ है तो इसके कई ठोस कारण हैं। माँ हर समय उसके औलाद न होने के कारण ताना मारती रहती है। यहाँ तक कि कई बार उसे बाँझ कहकर संबोधित करती है। अब माँ को यह कौन समझाए कि इसमें भला किसी का क्या दोष है। यह तो भगवान की मरजी है। वह व्यंग्यपूर्वक उसे 'बड़े घर की बेटी' कहकर भी बुलाती है। पिताजी की मृत्यु का जिम्मेदार वह समझती ही उसे है। कई बार तो उसे सुना चुकी है कि अपने ससुर को खा गई। शादी के बाद पत्नी अपने मायके से ढेर सारा सामान लाई थी। सभी ने दिल खोलकर प्रशंसा की थी लेकिन माँ का मुँह बन गया था। पूरी बिरादरी के सामने नाक-भौं चढ़ाकर बोली थी, "हुँ। बहू कहने को ही बड़े घर की है। दहेज तो छोटे घर का भी नहीं लाई।" वह दिन है और आज का दिन, सास-बहू में आपस में कभी पटी नहीं। रोज दफ्तर से थका-माँदा आता हूँ तो मेरे सामने पत्नी की शिकायतों का पुलिंदा खोल देती है। मुझे तो लगता है कि पत्नी और माँ रूपी चक्की के दो पाटों के बीच मैं पूरी जिंदगी इसी तरह पिसता रहूँगा।

सोचते-सोचते वह परेशान हो उठा। उफ, अब तो नींद की एक गोली से भी कोई असर नहीं होता। लगता है, उसकी भारी-भरकम परेशानियों के आगे नींद की एक छोटी से गोली बहुत कम है। क्यों न एक गोली और खा ली जाए। खाऊँ या नहीं...? काफी देर तक वह इसी पसोपेश में पड़ा रहा। अंततः अपने स्थान से उठकर उसने एक और गोली ले ली। इस बार सोने का दृढ़ निश्चय कर वह बिस्तर पर लेट गया।

साथ के कमरे से बच्चे के रोने का स्वर आया। साथ ही दीदी का उनींदा स्वर भी उभरा जो बच्चे को थपथपाते हुए 'सोजा-सोजा' कह रही थी। पहले ही

उसके सामने इतनी समस्याएँ थीं कि एक नई समस्या दीदी के रूप में सामने आ गई थी। पिछली बार जीजाजी आए तो दीदी और बच्चे को यहीं पर छोड़ गए। वे तो आए ही थे दीदी को छोड़ने, हमेशा के लिए। क्यों छोड़ गए, मालूम नहीं। किसी को कुछ नहीं बताया। बस आए, दीदी को यहाँ छोड़ा और यह कहते हुए चले गए कि सँभालो अपनी बेटी को। मैं उस समय वहाँ मौजूद नहीं था। होता तो जबरन उनसे कारण पूछता। इसके बाद जब-जब मैंने जीजाजी के घर जाने का निश्चय किया, दीदी ने रो-रोकर आसमान सिर पर उठा लिया। मुझे तरह-तरह की कसमें दे डालीं। यह भी कहा कि मैं वहाँ जाऊँगा तो उसका मरा मुँह देखूँगा। दीदी की इस कसम ने तो मेरे पाँव में बेड़ियाँ डाल दी हैं। अजीब स्थिति में फँस गया हूँ। दीदी भी नहीं बताती कि आखिर क्यों जीजाजी उसको यहाँ छोड़ गए हैं। क्या वह सचमुच हमेशा के लिए यहाँ आ गई है? अगर ऐसा है तो मेरी परेशानियाँ और बढ़ने वाली हैं। पत्नी की तो तभी से भृकुटि तनी हुई है, जब से दीदी आई है। वैसे दीदी का स्वभाव बहुत अच्छा है। जब से वह यहाँ आई है, उसके आचरण-व्यवहार से किसी को कोई शिकायत नहीं है। घर का सारा काम-काज भी वह ही करती है। उसके आने के बाद पत्नी को तो बहुत सारा समय खाली मिल जाता है। मगर फिर भी वह दीदी के आने से खुश नहीं है। सच बताऊँ तो खुश मैं भी नहीं हूँ। इस महँगाई के युग में दो प्राणियों की वृद्धि से मेरा रहा-सहा बजट भी बिगड़ गया है।

दो गोलियाँ ले चुका हूँ पर नींद का अभी भी नामोनिशान नहीं है। क्या एक गोली और ले लूँ? नहीं-नहीं, इन दवाइयों की अधिक मात्रा शरीर पर बुरा प्रभाव डालती है। अब और गोली नहीं लूँगा। लेकिन दिन-रात जागना भी तो शरीर पर कोई अच्छा प्रभाव नहीं डालता। एक गोली और ले ही लेता हूँ। सुबह दफ्तर भी तो जाना है। अगर अब सोया नहीं तो सारा दिन दफ्तर में काम कैसे करूँगा। फालतू में अफसर की फटकार सुननी पड़ेगी...। वह पुनः उठा और एक गोली गटक ली।

दफ्तर का स्मरण आते ही उसके मुँह का जायका बिगड़ गया। जिन लोगों को घर नहीं सुहाता, वे दफ्तर में सुकून फरमाते हैं। यहाँ भी मेरा भाग्य खराब है। न घर में चैन, न दफ्तर में आराम। सारा दिन काम में खटता रहता हूँ। दफ्तर में सबसे अधिक काम करता हूँ लेकिन सबसे अधिक डाँट-फटकार भी मुझे ही सुननी पड़ती है। चाहे वह बड़े बाबू की हो या बिग बॉस की। बाकी लोग तो सारा दिन गप-शप करते हैं। काम को हाथ भी नहीं लगाते, मगर उन्हें कोई कुछ भी नहीं कहता। कारण साफ है। मैं अफसरों की चापलूसी जो नहीं करता। इतना तो मैं जानता ही हूँ कि सभी अफसर चापलूसी पसंद होते हैं। मेरे साथ समस्या यह है कि मेरे भगवान ने इस तरह की प्रकृति ही नहीं बनाई कि मैं किसी की चापलूसी करूँ। खमियाजा मुझे भुगतना पड़ रहा है। काम भी सबसे अधिक करता हूँ और झाड़ भी सबसे अधिक

खाता हूँ। और तो और, बाकी स्टाफ को तो फालतू का ओवरटाइम और कनवेंस दोनों मिलता है। मुझे तो ये कभी नसीब ही नहीं हुए। मेरे साथ एक समस्या और भी है। मैं नंबर दो का पैसा यानि रिश्वत किसी से नहीं लेता। इस तरह के पैसों को मैं लेने के हक में भी नहीं हूँ। क्रोध तो मुझे इस बात पर आता है कि मेरे रिश्वत न लेने की प्रवृत्ति की सराहना नहीं की जाती। इसके उलट मेरा मजाक उड़ाया जाता है। दफ्तर के कुछ लोगों ने तो मेरा नाम ही 'भोंदू' रख छोड़ा है। फिलहाल तो मैं दफ्तर में एकदम अलग-थलग हूँ। सारा दिन काम करना, आसपास के कुलीग को गप्पें हाँकते देखना, उनको खुले आम रिश्वत लेते और अफसरों की चापलूसी करते देखना। मेरा तो दफ्तर में भी दम घुटता है।

लगता है आज की रात नींद बिलकुल नहीं आएगी। तीन गोलियाँ खा चुका हूँ मगर सब बेकार। मुझे तो लगता है कि ये गोलियाँ ही नकली हैं। तभी तो कुछ असर नहीं हो रहा है। अगर गोलियाँ नकली ही हैं तो एक और लेने में क्या हर्ज है। बस यह मेरी आखिरी गोली है। इसके बाद और नहीं लूँगा। उसने उठकर एक और गोली निगली। इस बार उसने बल्ब का स्विच ऑफ किया, खिड़की पर परदा किया और मुँह पर चादर डालकर आँखें बंद कर लीं। इस सौगंध के साथ कि अब कोई विचार मन में नहीं लाएगा। मगर विचार फिर भी आया।

घर या दफ्तर की बात तो छोड़िए। इसके बाहर मुझे कौन-सा सुकून मिलता है। देश की हालत ही कौन-सी बेहतर है। बल्कि कहना चाहिए कि एकदम बदतर है। चारों तरफ भ्रष्टाचार, अराजकता, दंगे-फसाद, एक-दूसरे के प्रति द्वेष भावना। कोई इन सबसे कहाँ तक बचेगा? मेरे जैसा सेंसिटिव व्यक्ति तो बिलकुल नहीं बच सकता। राजनीति की जो दशा इस समय है, वह किसी से छिपी नहीं है। हर कोई अपनी जेबें भरने में ही लगा है। कुरसी के लिए लड़ते-लड़ते सड़कों पर आ गए हैं ये नेता लोग। अपने फायदे के लिए धर्म और जाति के नाम पर भड़का रहे हैं ये सबको। न जाने कैसी बयार बह रही है कि इज्जत वाले पेशों पर भी उँगलियाँ उठने लगी हैं। उस दिन अखबार में पढ़ा कि डॉक्टरों ने ऑप्रेशन थियेटर पर मरीजों के गुरदे निकालकर बेच दिए। पढ़कर मेरे तो रोंगटे ही खड़े हो गए थ। जिन डॉक्टरों को भगवान का दर्जा दिया जाता है, वे ही शैतान बने बैठे हैं। अध्यापकों का पेशा कितना सम्मान का होता है। आज वही अध्यापक कक्षा में पढ़ाने के स्थान पर ट्यूशन पढ़ाने पर बल देते हैं। चारों तरफ असुरक्षा का वातावरण बन गया है। मिलिट्री वालों का मैं बहुत सम्मान करता था। उस दिन रेलगाड़ी में कुछ मिलिट्री वालों ने मुझसे सीट छोड़ने को कहा था। भला आरक्षित सीट मैं कैसे दे देता। मेरे इनकार करने पर कितनी निर्दयता से पीटा था मुझको। किसी भी यात्री ने कोई विरोध नहीं किया था। बस, चुपचाप मुझे पिटते देखते रहे थे। स्टेशन पर थाने में रिपोर्ट लिखवाने गया था तो पुलिस वालों ने दुत्कार कर भगा दिया था। पुलिस वाले कौन से कम हैं।

नागरिकों में सुरक्षा की भावना की अपेक्षा वे भय की भावना जाग्रत कर रहे हैं। अभी उस दिन एक पुलिस वाला कितनी बुरी तरह से रिक्शा वाले की पिटाई कर रहा था। पूछने पर पता चला कि उसका रिक्शा पुलिस की गाड़ी के आगे आ गया था। क्या न्याय है! गरीब का रिक्शा टूटा, मार खाई सो अलग। मैं यह सब नहीं देख सकता। बिलकुल नहीं देख सकता...

उसने अपने ऊपर पड़ी चादर को एक ओर फेंक दिया। बेचैनी और उद्विग्नता की स्थिति में वह उठा और कमरे की सभी खिड़कियाँ खोल दीं। बदहवास हो वह कमरे में इधर-उधर चक्कर लगाने लगा! कहीं भी किधर भी चैन नहीं है। न घर में न दफ्तर में, न ही इस समाज में। मैं कहाँ जाऊँ? भगवान, और कुछ नहीं तो मुझे नींद ही दे दो। वह नींद की गोलियों की शीशी की ओर लपका। लगभग एक चौथाई शीशी अभी भी भरी हुई थी। उसने सारी गोलियाँ पानी के साथ एक ही झटके में निगल लीं। अब मुझे जरूर नींद आ जाएगी। अब मैं चैन की नींद लूँगा ...कभी न टूटने वाली नींद।

दूर के ढोल

उसने अपनी दृष्टि वहीं स्थिर कर ली थी। उसे पता ही नहीं चला, ग्राहक कब से उसको बुला रहा है।

''अरे भाई, कहाँ खो गए? कुछ जवाब तो दो वरना मैं जाऊँ किसी और दुकान पर।'' इस बार ग्राहक खीझकर तीव्र स्वर में बोला।

उसकी तंद्रा टूटी। हड़बड़ाते हुए वह खुद को संयत करते हुए बोला, ''म ...माफ करना भाई साहब, क्या चाहिए आपको?'' वह कुछ इस स्वर में बोला जैसे उसकी चोरी पकड़ी गई हो।

''एक डिस्परिन का पत्ता दो। कब से तो कह रहा हूँ पर तुम हो कि...''

ग्राहक डिस्परिन का पत्ता लेकर जा चुका था। दुकान पर बैठा-बैठा वह अपने आपको कोस रहा था कि क्यों वह बार-बार अपनी निगाह वहाँ ले जाता है और फिर कुछ समय के लिए खो सा जाता है।

अधिक समय नहीं हुआ उसको गाँव से शहर आए। बहुत अरमान के साथ वह डिग्री लिए दिल्ली आया था, यह सोचकर कि वहाँ अनेकों नौकरियाँ उसका इंतजार कर रही होंगी। पूरे गाँव में एक अकेला वही था जिसके पास बी. एस-सी. की डिग्री थी। लेकिन शहर आकर उसकी सारी आशाओं पर पानी फिर गया था। अनेकों कार्यालयों के उसने चक्कर काटे। जिस डिग्री को बड़ी शान से वह दिखाता, उसकी ओर कोई आँख उठाकर भी नहीं देखता था। हर जगह उससे यही पूछा जाता—क्या अनुभव है तुम्हारे पास? क्या सिफारिश है तुम्हारे पास? और वह चुप रह जाता था। उसके पास डिग्री तो थी लेकिन बाकी चीजें नहीं थीं।

निराश होकर उसने वापस गाँव लौटने की ठानी थी लेकिन ऐसा नहीं हो सका था। जिस किराए के कमरे में वह रह रहा था, उसके मालिक की दवाइयों की दुकान थी। उन्होंने उसे कहा था, ''मेरी दवाइयों की दुकान पर तुम काम कर लो। कुछ समय सीखने में लगेगा, फिर सब कुछ जान जाओगे। बाद में फार्मेसिस्ट का लाइसेंस लेकर

अपनी दुकान भी खोल सकते हो। और हाँ, दिल्ली में कोई और काम चले न चले, दवाइयों की दुकान जरूर चल निकलेगी। यह पूरा शहर ही बीमारियों की खान है।"

बात उसकी समझ में आ गई थी। उसने दवाइयों की दुकान पर जाना आरंभ कर दिया। शुरू-शुरू में तो उसे कुछ परेशानी हुई थी लेकिन बहुत जल्दी ही वह सभी दवाइयों के नाम जान गया था।

दवाइयों की दुकान जी. बी. रोड में थी। जी. बी. रोड यानि दिल्ली का लाल बत्ती इलाका। पहले तो वह समझा था कि यहाँ बहुत सारे चौराहे होंगे और उन चौराहों पर बहुत सारी लाल बत्तियाँ होंगी, इसलिए इसे दिल्ली का लाल बत्ती एरिया कहा जाता है। असली बात तो उसे तब पता चली, जब उसने पहली बार दुकान में कदम रखा था।

दुकान के सामने सड़क पार करके छोटे-छोटे बदहाल अवस्था में दड़बेनुमा मकानों की लंबी कतार थी, जिनके छज्जों पर शाम होते ही कई लड़कियाँ आकर खड़ी हो जाती थीं। यहाँ आकर ही उसे पता चला था कि इन मकानों को कोठा कहा जाता और इन लड़कियों को...इनको तो कई नामों से पुकारा जाता है—वेश्या, तवायफ, रंडी, धंधेवाली, माल...और भी न जाने क्या-क्या नाम। शाम ढलते ही यहाँ का नजारा कुछ और ही होता था। सड़क पर लोगों के कई समूह इधर-उधर खड़े हो जाते थे। गजरे वाले, खोमचे वाले सड़क पर डेरा जमा लेते थे। दुकानों पर भी भीड़ बढ़ जाती थी, विशेषकर पान की दुकानों पर।

शुरू-शुरू में तो उसे यहाँ का माहौल बहुत अजीब लगा था, लेकिन कुछ समय के बाद वह अभ्यस्त हो गया था। राह गुजरते लोगों की तरह वह भी कोठों के ऊपर टकटकी बाँधे देखता रहता था। वहाँ खड़ी लड़कियों के क्रिया-कलाप, हाव-भाव, नखरे करना, इशारे करना, यह सब देखने का वह आदी हो गया था। बगल में चाय की दुकान वाले झुमरू की मार्फत वह कई लड़कियों के तो नाम भी जान गया था।

झुमरू बड़ा रसिक मिज़ाज का व्यक्ति था। अक्सर कोठों में आता-जाता था और वहाँ के बारे में तरह-तरह के किस्से बयान करता था। उसका सुनाने का अंदाज ही कुछ ऐसा था कि बरबस ही हँसी छूट जाती थी। कई किस्से थे उसके पास, जैसे 26 नंबर कोठे वाली सायरा का किस्सा। उसके पास एक सब-इंस्पेक्टर अक्सर आता-जाता था। एक बार आया तो अचानक उसी के थाने की ओर से रेड पड़ गई। बड़ी हास्यास्पद स्थिति उत्पन्न हो गई थी जिसे झुमरू चटखारे ले-लेकर सुनाता था। इसी तरह 12 नंबर कोठे वाली काली-कलूटी रजिया परेशान थी कि ग्राहकों की आवाजाही बहुत कम है। एक बार उसे क्या सूझा कि साड़ी के स्थान पर चोर बाजार से छोटी-सी स्कर्ट खरीदकर पहन ली। फिर क्या था, उसके कोठे की रौनक ही बढ़ गई। एक किस्सा तो झुमरू बार-बार बयान करता था कि कैसे एक बार वह बिना पैसे दिए ही मजे लूट आया था।

मजे...! क्या सचमुच बहुत मजे आते हैं कोठे पर जाकर! वह देखता था कि लोग कोठों में प्रवेश करते हैं बहुत खामोशी से, लेकिन जब लौटते हैं तो एक अजीब किस्म का नशा उन पर तारी होता है। कदमों में लड़खड़ाहट होती है, आँखों में सुरूर होता है। खामोश तो वे तब भी होते हैं लेकिन उनके अंग-प्रत्यंग जैसे चिल्ला-चिल्लाकर यह बयान कर रहे होते हैं कि वे सचमुच बहुत मजे लूटकर आ रहे हैं।

क्या यह मजे वह नहीं ले सकता? क्यों नहीं ले सकता? आखिर वह उन लोगों से अलग थोड़े ही है। वह भी कोठे पर जाने के लिए लालायित हो उठा था। उसे झुमरू के कहे शब्द भी याद आए, "अरे भइन, हम तो कहते हैं कि अब आप भी ट्राई कर ही लो। देर-सवेर तुम्हारा भी ब्याह होगा, सो उसका भी तजुरबा हासिल हो लेगा।" झुमरू की यह बातें सुनकर उसे कोठे पर जाना अब जरूरत लगने लगा था।

लेकिन एक समस्या थी। अगर वह किसी की निगाह में आ गया तो? दुकान देर रात गए ही बंद होती थी और उससे पहले अगर किसी ने उसको दुकान पर बैठने के बजाय कोठे पर जाते देख लिया तो? लेकिन इस समस्या का हल उसे मिल गया। रविवार को दुकान बंद रहती थी और उसने रविवार को यह कारनामा दिखाने का निश्चय किया।

वह बेसब्री से आने वाले रविवार का इंतजार करने लगा। साथ-साथ वह खयालों में भी डूब गया—मैं तो मजे लूटूँगा ही, मुझसे मिलकर कोठे वाली को भी कम मजा नहीं आएगा। इन कोठेवालियों के पास अच्छे लोग जाते ही कहाँ हैं। झुमरू को ही देखो। काला-कलूटा, मैला-कुचैला...मुँह खोलता है तो पीले रंग की दंत पंक्ति से जोरदार बदबू का भभका उठता है। ऐसे ही लोग जाते हैं कोठों में। मेरे जैसे को तो देखकर वह खुश हो जाएगी।

आखिर रविवार का दिन आ ही गया। शाम को उसने खूब रगड़-रगड़कर शेव की, देर तक नहाया-धोया और अच्छे किस्म का इत्र लगाकर निकल पड़ा। लेकिन इलाके में पहुँचते ही उस पर घबराहट हावी हो गई थी। रविवार का दिन होने के बावजूद सड़क पर काफी चहल-पहल थी। एकदम मेले का सा माहौल था। अधिकतर लोग समूहों में ही इधर-उधर खड़े थे। उसे डर लगने लगा कि कहीं वह पहचान न लिया जाए।

वह विचारों के भँवर में डूबा ही था कि एक व्यक्ति सहसा उसके पास आकर खड़ा हो गया। सींक की तरह लंबा और पतला, साँवली रंगत, मुँह में पान और होठों के कोरों से निकलती पीक की रेखाएँ।

"कुछ चाहिए साब। हर तरह का माल है अपने पास।" बड़ी कठिनाई से मुँह में रखे पान को सँभालता हुआ वह व्यक्ति बोला।

वह किंकर्तव्यविमूढ़ अवस्था में उस व्यक्ति का मुँह ताकने लगा।

"साब, ज्यादा नहीं सिर्फ पैंतीस रुपये लगेंगे। तीस रुपये उसके और पाँच

रुपये हमारी कमीशन के। माल जैसा चाहो, मिलेगा।'' बोलते-बोलते दलाल के मुँह से पीक की और धाराएँ निकल पड़ी थीं जिसे उसने अपने हाथों से पोंछ लिया।

उसने कुछ बोलना चाहा लेकिन घबराहट उस पर हावी हो चुकी थी। वह तो यह सोचे बैठा था कि चुपचाप जाएगा और अपना काम निबटाकर वापस लौट आएगा। अपने इस कृत्य में वह किसी और को भागीदार नहीं बनाना चाहता था। इस स्थिति की तो उसने कल्पना ही नहीं की थी। वह मुड़ा और बिना कुछ कहे तेजी से अपने कदम बढ़ा लिए। पीछे से दलाल ने कई बार उसको पुकारा लेकिन वह नहीं रुका। अपने कमरे में वापस पहुँचकर ही उसने दम लिया।

लेकिन अगले कई दिन तक वह खुद को फटकारता रहा। क्यों वह डरकर वापस भाग आया? क्यों नहीं उसने दलाल को दो-टूक शब्दों में मना कर दिया? आखिर हर कोई दलाल के जरिए थोड़े ही जाता है। झुमरू को ही लो। अगर वह दलाल के जरिए जाता होता तो इसका जिक्र जरूर करता।

उसने पुनः अगले रविवार को यह कारनामा अंजाम देने का निश्चय किया। इस बार वह सीधा इलाके में घुसेगा और बिना सोचे-विचारे, बिना किसी को देखे चुपचाप सीढ़ियाँ चढ़ जाएगा। कोई दलाल अगर पुकारेगा तो उसकी ओर आँख उठाकर भी नहीं देखेगा। वह अधीरता से उन लम्हों की कल्पना करने लगा, जब वह जाएगा और अन्य लोगों की तरह मजे लूटेगा।

रविवार को वह फिर नहा-धोकर निकला और इलाके में घुसते ही बिना इधर-उधर देखे चुपचाप पहले ही कोठे की सीढ़ियाँ चढ़ गया। जहाँ सीढ़ियाँ समाप्त होती थीं, उसके बायीं ओर एक छोटा-सा कमरा था जिसे कोठरी कहना शायद अधिक उपयुक्त होगा। कमरे में एक अजीब प्रकार की दुर्गंध का साम्राज्य था। एक कोने में एक चारपाई पड़ी थी जिस पर एक मैली-कुचैली चादर अस्त-व्यस्त बिछी पड़ी थी। दूसरे कोने में एक ट्रंक पड़ा था जिस पर एक स्टोव रखा हुआ था। दीवारें एकदम जर्जर अवस्था में थीं। पलस्तर कई स्थानों से टूटा हुआ था और उन पर सीलन आई हुई थी। एक दीवार पर फिल्म अभिनेत्रियों की अश्लीलभाव-भंगिमा के अखबार से फाड़े चित्र चिपके हुए थे जो उन दीवारों की भाँति ही बदरंग हो चुके थे। छत पर टँगा पंखा खट-खट करता हुआ धीमी गति से घूम रहा था। पंखे के साथ ही छत पर एक चालीस वाट का बल्ब तार के सहारे लटक रहा था जो उस कोठरी के अंधकार को काटने की पुरजोर कोशिश कर रहा था। कमरे में एक और दरवाजा था जो छज्जे पर खुलता था। उसी दरवाजे पर एक स्त्री अपने दोनों हाथों से दरवाजे की चौखट को थामे अनवरत उसको घूर रही थी।

''क्यों बे, इधर-उधर क्या दीदे फाड़कर देख रहा है। अपना काम करके फटाफट फूट यहाँ से। अभी और बहुतेरे निबटाने हैं तेरे बाद।'' वह स्त्री बड़ी धृष्टता से अंदर आती हुई बोली।

इस तीव्र अपमान से वह कसमसा उठा। इससे पहले कभी किसी ने उससे इस स्वर में बात नहीं की थी।

उसने स्त्री का सूक्ष्मता से निरीक्षण किया। उम्र कोई तीसेक वर्ष, छोटा कद, काला रंग, मुरझाए शरीर पर सस्ती-सी हरे रंग की साड़ी, चेहरे पर सस्ते पाउडर की परत जिसकी महक पसीने के साथ मिलकर उस कमरे की दुर्गंध को और भी पुख्ता कर रही थी। उसे घिन आनी शुरू हो गई।

स्त्री ने अपने शरीर पर लिपटी साड़ी खोल दी। ब्लाउज-पेटीकोट में वह चारपाई पर आकर पसर गई।

"नाम क्या है तुम्हारा?" उसने माहौल को बदलने के उद्देश्य से प्रश्न किया।

"क्यों? तूने मेरा राशन कार्ड बनाना है क्या?" वह पूर्ववत् बदतमीजी से बोली।

"न...नहीं। वो बस ऐसे ही..."

"शबनम।"

"इस पेशे में कब से हो?"

इस बार वह तीव्र स्वर में चिल्लाई, "अबे ओ, क्यों खाली-पीली टैम खराब कर रहा है। सीधे-सीधे अपना काम कर और रास्ता नाप।"

वह सहम गया और असमंजस की स्थिति में चुपचाप उसके साथ चारपाई पर बैठ गया। उसे कुछ समझ ही नहीं आ रहा था कि वह क्या करे।

"अब यूँ ही बुत बना क्या बैठा है। गरम होना चाहता है? ले, हो ले गरम।" कहकर शबनम ने अपना ब्लाउज और अँगिया भी खोल दिए।

पसीने की दुर्गंध का एक तीव्र भभका उठा। क्षणांश के लिए वह दुर्गंध उसके मनो-मस्तिष्क पर हावी हो गई। काले रंग के लटके हुए बदबूदार स्तन...उसे याद आई जब एक बार उसने बचपन में गाँव के तालाब में एक पागल स्त्री को नहाते देखा था। बिलकुल ऐसी ही छाती थी उसकी।

उसे उबकाई आने लगी। कई प्रकार की दुर्गंध मिलकर उसके मस्तिष्क को जकड़ रही थी, उसकी चेतना को लुप्त कर रही थी। उसे लगा कि अगर वह कुछ देर और यहाँ रुका तो अपने होशोहवास खो बैठेगा।

"म...मैं जाता हूँ।" उसने उठने का उपक्रम किया।

"हैं।" वह आश्चर्य-मिश्रित स्वर में चिल्लाई, "और पैसा क्या तेरा बाप देगा।"

"क...कितना हुआ?"

"अं...चालीस रुपया।"

उसने जेब से पचास रुपये का नोट निकाला और चारपाई पर फेंक लड़खड़ाते कदमों से कमरे से बाहर निकल आया।

"अबे ओ छक्के, फिर कब आएगा?" पीछे से आवाज आई और फिर हँसी का स्वर उभरा। सुनकर उसने अपनी चाल और तेज कर दी।

दहशत

टिक-टिक-टिक-टिक...

दीवार घड़ी की सुई की आवाज वातावरण की निस्तब्धता को भंग कर रही थी। उसने बहुत कोशिश की अपने को इस आवाज से दूर ले जाने की। लेकिन उसकी कोशिश सफल नहीं हुई। जितना अधिक वह इस आवाज से दूर भागती, उतनी अधिक ही यह आवाज उस पर हावी होती जाती। कुछ देर बाद वह आवाज उसके मन-मस्तिष्क पर हथौड़े की तरह वार कर रही थी। उसे लगा कि इस दुनिया में केवल वह है और यह आवाज है जो क्षण-प्रतिक्षण बढ़ती चली जा रही है। टिक-टिक-टिक-टिक-टिक...। उसने अपने कानों पर कसकर हथेलियाँ जकड़ लीं और पलँग पर औंधे मुँह लेट गई।

आवाज फिर भी खत्म नहीं हुई, न ही धीमी हुई। शायद उसके कान बंद करने से पहले ही आवाज इन्हीं कानों के रास्ते उसके शरीर में प्रवेश कर चुकी थी, उसके मस्तिष्क को जकड़ चुकी थी। ये टिक-टिक बंद नहीं होने वाली। होगी भी कैसे? वक्त भी क्या कभी रुका है? वह भले ही लाख फड़फड़ाए, गिड़गिड़ाए, वक्त तो अपनी उसी रफ्तार से चलता रहेगा। साथ ही चलती रहेगी यह मनहूस टिक-टिक की आवाज। काश, यह वक्त थम जाए, यह आवाज खत्म हो जाए। पूरी जिंदगी वह इसी आलीशान कमरे में कैद रहे, एकदम निश्चिंत, बेखौफ...। लेकिन यह भला कैसे हो सकता है। कभी न कभी तो वह इस कमरे से बाहर निकलेगी, इस बंगले से बाहर जाएगी और बाहर अगर वह मिल गया तो।

इससे आगे सोचने की ताब उसमें नहीं थी। वह बुरी तरह से दहशत से ग्रस्त थी। इतना सोचने में ही उसके शरीर के रोएँ खड़े हो गए थे। चेहरा पीला जर्द पड़ गया था। आँखों के आगे मौत नाचती दिखाई देने लगी थी। उसकी यह दशा अभी पहली दफा नहीं हुई थी। लगभग पिछले दो घंटों से बार-बार उसकी यह दशा हो रही थी। और चाहकर भी इससे उसे मुक्ति नहीं मिल पा रही थी।

उसने उस विशाल कमरे में एक उड़ती दृष्टि डाली। हर प्रकार के ऐशो-आराम से सुसज्जित वह कमरा। क्या कुछ नहीं था वहाँ! टी. वी., वीडियो, कंप्यूटर, स्टीरियो, आलीशान फर्नीचर वगैरह-वगैरह। छत पर एक विशाल जगमगाता हुआ झूमर लटक रहा था। दीवारों पर कीमती वॉल पेपर लगा हुआ था। टाइलों के फर्श पर बिछा कालीन ऐसा कि चलने वालों के पाँव ही उसमें धँस जाएँ। एक कोने में रखे ढेरों फूलों के गुलदस्ते कमरे को खुशबू से सरोबार कर रहे थे। ये सब ऐश्वर्य की वस्तुएँ या तो उसने फिल्मों में देखी थीं या सपनों में। कोई और स्थिति होती तो वह इस समय खुशी से फूली न समा रही होती। लेकिन इस समय उसे ये वस्तुएँ किन्हीं भयानक दैत्यों की भाँति लग रही थीं जो अपना विशाल मुँह फाड़े उसे निगलने के लिए धीरे-धीरे आगे बढ़ रहे हैं।

पिछले दो दिन से वह जागी हुई थी फिर भी आँखों में नींद का नामोनिशान नहीं था। सब कुछ किसी फिल्म की कहानी जैसा लग रहा था। इसी कमरे में बैठे-बैठे सहसा ही वह वहाँ पहुँच गई थी, जहाँ वह पैदा हुई, जहाँ उसका बचपन बीता, और जहाँ उसने जवानी में कदम रखा। दिल्ली की एक साधारण डी. डी. ए. कॉलोनी के एक छोटे से जनता फ्लैट में वह अपनी माँ और छोटी बहिन के साथ रहती थी। पिताजी का साया सिर से उठ चुका था और उन्हीं के स्थान पर अनुकंपा आधार पर मिली क्लर्क की नौकरी वह कर रही थी। उसी दफ्तर में जहाँ अरुण भी काम करता था।

अरुण और वह...वह और अरुण। यानि दो जिस्म एक जान। दफ्तर के सभी कर्मचारी इन दोनों के बारे में तरह-तरह की बातें चटखारे लेकर करते थे। पूरे दफ्तर में अगर कोई चर्चा का विषय था तो इन दोनों का आपसी प्रेम संबंध। सचमुच बहुत प्यार करती थी वह अरुण से, और अरुण...। वह तो जान छिड़कता था उस पर। दोनों के प्रेम रूपी वृक्ष में तभी बीज रोपित हो गया था, जब उसने पहली बार दफ्तर में कदम रखा था। पिता की अकस्मात् मृत्यु का सदमा, कॉलेज की शिक्षा बीच में छोड़ने का रंज और सरकारी दफ्तर के कार्यों से अनभिज्ञता, ये सब उसके चेहरे पर स्पष्ट दृष्टिगोचर हो रहे थे। ऐसे समय में अरुण ने उसका साथ दिया था। अरुण ने न केवल उसको दफ्तर के सभी कार्यों से अवगत कराया, बल्कि अपने सौहार्दपूर्ण व्यवहार से उसका दिल भी जीत लिया। अरुण के सान्निध्य में वह अपने सभी दुःख भूल गई थी। जल्द ही दोनों के मध्य प्रेम के अंकुर फूट पड़े थे।

धीरे-धीरे दोनों में प्रेम की जड़ें गहरी होती चली गईं। इतनी गहरी कि दफ्तर के सहकर्मियों के लिए ईर्ष्या का कारण बन गई। इसी दौरान पुराने विभागाध्यक्ष का तबादला हो गया और उनके स्थान पर नए विभागाध्यक्ष श्रीवास्तवजी ने कार्यभार सँभाला। उसे याद है जब श्रीवास्तव जी ने उसे पहली बार देखा था तो बस देखते ही रह गए थे। पहली नजर में ही वे उसकी सुंदरता के कायल हो गए थे और उसे

'आमंत्रण' दे डाला था। इस 'आमंत्रण' की भनक जब अरुण को हुई थी तो क्रोध से वह बुरी तरह तिलमिला उठा था। धड़धड़ाते हुए वह श्रीवास्तव जी के केबिन में घुसा था और उनकी जबरदस्त पिटाई कर डाली थी। बाद में उसने अरुण को फटकारा था, "ये क्या किया तुमने! अफसर की ही पिटाई कर दी! जल में रहकर मगर से बैर ले लिया! अब मालूम नहीं, क्या एक्शन लिया जाएगा तुम पर।"

इस पर अरुण भड़कते हुए बोला था, "क्या कर लेंगे ये मेरा? हद से हद नौकरी से ही निकाल देंगे? मैं नहीं डरता। कोई तुम्हारी ओर आँख उठाकर भी देखेगा तो आँखें निकाल लूँगा उसकी। जान ले लूँगा उसकी।"

उस दिन पहली बार उसने महसूस किया था कि किस शिद्दत से अरुण उसे प्रेम करता है। उसका यह रूप देखकर वह भयभीत हो उठी थी।

जाँच समिति बैठी और अरुण सस्पेंड हो गया। न केवल श्रीवास्तव जी, बल्कि दफ्तर के सभी कर्मचारियों ने भी अरुण के विरुद्ध बयान दिया। शायद ये उन दोनों के प्रेम के प्रति उपजी ईर्ष्या का ही परिणाम था। उसे भी जाँच समिति के सम्मुख पेश किया गया था लेकिन उसकी 'आमंत्रण' वाली बात पर किसी ने विश्वास नहीं किया। कोई विश्वास करता भी क्यों। जाँच समिति के सभी सदस्य बड़े अफसर थे और उन्हें यह कैसे गवारा होता कि एक अफसर अपने अधीनस्थ कर्मचारी से पिट जाए।

टन्न...टन्न...टन्न...टन्न...

सहसा दीवार घड़ी के घंटे की तेज आवाज से वह बुरी तरह काँप उठी। विचारों का प्रवाह एकाएक थम गया। वह उठी और कमरे में अकारण ही इधर-उधर चहलकदमी करने लगी। एक कोने में रखे विशाल ड्रेसिंग टेबिल के सामने रुककर वह अपलक अपने को निहारने लगी। सचमुच गजब का सौंदर्य मिला है उसको कुदरत से। इसी सौंदर्य पर ही अरुण मोहित हुआ था, इसी सौंदर्य को देखकर ही श्रीवास्तव जी की लार टपकी थी और इसी सौंदर्य से अभिभूत हुआ था मयंक।

मयंक, बल्कि कहना चाहिए डॉक्टर मयंक। एक प्रतिष्ठित अस्पताल में कार्यरत एक युवा सर्जन। एकदम शांत, विनम्र, मृदुभाषी। वह नहीं जानती, कहाँ मयंक की निगाह उस पर पड़ी और कब वह उस पर आसक्त हो गया। उसने तो कभी मयंक को देखा भी नहीं था। उसने तो मयंक का नाम ही पहली बार तब सुना था, जब उसके लिए मयंक का रिश्ता आया था। माँ तो खुशी से फूली नहीं समाई थी। इतने बड़े घर से रिश्ता। अब तो मेरी बेटी राज करेगी। न जाने कितने ही आशाओं के सपने बुन डाले थे माँ ने।

लेकिन उसे माँ पर बहुत क्रोध आया था। माँ तो उसके और अरुण के संबंध से अनभिज्ञ नहीं थी, फिर क्यों यह रिश्ता स्वीकार किया। और वह झगड़ पड़ी थी माँ से। उस समय माँ ने उसको समझाया था, "देख किरण, मैं तेरी दुश्मन नहीं

हूँ। मैंने कुछ सोचकर ही इस रिश्ते के लिए 'हाँ' कही है। तू नहीं जानती, मयंक कितना अच्छा लड़का है और कितने अमीर हैं ये लोग। इस दुनिया में हर जगह पैसे का ही बोलबाला है। इसी की लोग पूजा करते हैं। अरुण तुझे वह सुख कभी नहीं दे पाएगा जो मयंक दे सकता है। तू मेरी बात मान। एक बार मयंक से मिल ले। उसके बाद जो तेरी मरजी होगी, वही होगा।''

फिर उसके मस्तिष्क में एक विचार आया था। उसने सोचा कि एक बार वह मयंक से मिल लेगी और माँ से कह देगी कि उसे मयंक पसंद नहीं आया। वह रविवार का दिन था और तब उसने पहली बार मयंक को देखा था। मयंक ने उसे बाहर ले जाने के लिए माँ से इजाजत माँगी थी जो उसे सहर्ष मिल गई थी। एक कृत्रिम गंभीरता का कवच ओढ़े जब वह चमचमाती बी. एम. डब्ल्यू. कार में बैठी तो उसे दुनिया बदली-बदली नजर आई। उसकी जिंदगी में यह पहला मौका था जब वह कार में बैठी थी। तेज रफ्तार से दौड़ती कार और तेजी से पीछे छूटता सब कुछ। एक अजीब आनंद का अहसास उसे विचलित कर गया था। वातानुकूलित कार में बैठी वह मन ही मन बाहर की कड़ी धूप और कार के अंदर की ठंड की तुलना करती रही थी। इस दौरान मयंक से उससे जो पूछा, उसका जवाब उसने ''हाँ-हूँ'' में ही दिया। वह चाह रही थी कि कार दौड़ती रहे और वह बस इसी में बैठी रहे। उसने महसूस किया कि जिस कृत्रिम गंभीरता का आवरण उसने ओढ़ा था, वह लुप्त हो गया है और उसके स्थान पर होठों पर हल्की मुस्कराहट के रूप में एक रेखा खिंच गई थी। उसने इस रेखा को मिटाने का प्रयत्न किया लेकिन सफल नहीं हुई।

मयंक उसे लंच के लिए फाइव स्टार होटल ले गया था। यह उसके लिए बिलकुल नया अनुभव था। कहाँ तो वह कभी साधारण रेस्टोरेंट में भी नहीं गई थी और कहाँ फाइव स्टार होटल में जाना। ऐसे व्यंजन जिनका नाम भी उसने नहीं सुना था, सामने सज गए। एक से बढ़कर एक स्वादिष्ट व्यंजन। एक अजीब सी अनुभूति से वह भर उठी थी। उसके होठों की रेखा और लंबी खिंच गई थी। इस बार उसने इस रेखा को मिटाने का प्रयास नहीं किया।

मयंक जब उसे घर छोड़ने आया तो वह सपनों की दुनिया में थी। जाते-जाते मयंक ने पूछा था, ''क्या हम कल फिर मिल सकते हैं?'' उसने अपनी सहमति दे दी थी।

अगले दिन मयंक उसे अपना बंगला दिखाने ले गया था। देखकर वह विस्मित रह गई थी। बंगला क्या था, बिलकुल महल था। उसने पूछा था, ''क्या एक डॉक्टर की इतनी आमदनी होती है कि वह इतना बड़ा बंगला खड़ा कर सके?'' मयंक ने हँसकर उत्तर दिया था, ''अरे नहीं, यह तो विरासत में मिली धन-दौलत है। बाप-दादा विरासत में इतनी दौलत छोड़ गए हैं कि सात पुश्तों को कमाने की जरूरत नहीं है।''

...और फिर शुरू हुआ था कशमकश का दौर। पूरी रात वह सो नहीं सकी। एक ओर प्रेम की दुनिया थी तो दूसरी ओर दौलत की दुनिया। एक ओर मानसिक संतोष था तो दूसी ओर भौतिक संतोष, और इन दोनों के बीच झूलती वह। एक तरफ मयंक था, अपार धन संपत्ति का मालिक। दूसरी तरफ अरुण था, सस्पेंड, बेरोजगार। उसे मालूम हुआ था कि अरुण के बहाल होने की संभावनाएँ बहुत कम हैं। दफ्तर में हर कोई उसके खिलाफ था। क्या अरुण से विवाह करके उसका भविष्य सुरक्षित रह पाएगा?

उसने वह लम्हे सोचे, जब वह मयंक के साथ कार में बैठी थी। वे लम्हे भी सोचे, जब वह अरुण के साथ बस में सफर करती थी। खचाखच भरी बस, एक-दूसरे से मैल रगड़ते अनेकों शरीर। फाइव स्टार होटल में मयंक के साथ लिया गया लंच सोचा तो अरुण के साथ कॉफी होम में खाए इडली-डोसा के बारे में भी सोचा। हर जगह पैसा प्यार पर हावी होता दिखा लेकिन...? क्या अरुण के साथ गुजारे प्रेम के अनगिनत पल भुलाए जा सकते हैं? नहीं...कभी नहीं। जीवन के सफर में जब वह अकेली पड़ गई थी तो वह अरुण का प्रेम ही था जिसने उसे स्थायित्व प्रदान किया था। उसे कैसे भुला दूँ। लेकिन पैसे की ताकत को भी तो नजरअंदाज नहीं किया जा सकता। प्रेम का नशा अस्थायी है, विवाह के बाद धीरे-धीरे उतर जाता है लेकिन दौलत का नशा, वह तो सदा बरकरार रहता है।

भोर हुई, अंधकार दूर हुआ और साथ ही दूर हुआ, उसके मस्तिष्क का अंतर्द्वंद्व। वह फैसला ले चुकी थी। दौलत ने प्रेम पर विजय प्राप्त कर ली थी। कामदेव और कुबेर की लड़ाई में कुबेर ने कामदेव को पछाड़ दिया था। इसमें कोई हैरत की बात नहीं थी। कुबेर कामदेव की अपेक्षा अधिक शक्तिशाली जो है।

फिर उसने मयंक से विवाह के लिए "हाँ" कह दी थी। अरुण अपने गाँव गया हुआ था। वह अरुण के क्रोध से भली-भाँति परिचित थी और चाहती थी कि अरुण के आने से पहले ही उसका विवाह संपन्न हो जाए। नौकरी से उसने त्याग पत्र दे दिया। अब भला उसे नौकरी की क्या आवश्यकता थी। बहुत जल्द धूमधाम से उनका विवाह संपन्न हो गया था।

टिक-टिक-टिक-टिक-टिक...

यह मनहूस आवाज अभी भी कमरे में गूँज रही थी जो धीरे-धीरे बढ़ती जा रही थी। साथ ही बढ़ती जा रही थी उसकी बेचैनी, दहशत। उसे दहशत थी अरुण से, अरुण के क्रोध से, उस पल से जब उसका सामना अरुण से होगा। आज सुबह ही उसकी डोली आई थी और एक आलीशान बंगले के एक आलीशान कमरे में वह इस समय मौजूद थी। मयंक को अस्पताल से एक आपातकालीन बुलावा आया था और वह तुरंत ही अस्पताल चला गया था। मयंक की माँ ने उसे अपने कमरे में जाकर आराम करने की सलाह दी थी लेकिन उसे आराम कहाँ था। पिछले तीन

घंटे से वह दहशत के आलम में इधर-उधर चहलकदमी कर रही थी। उसकी आँखों के सामने बार-बार अरुण का रौद्र रूप घूम रहा था। "यदि किसी ने तुम्हारी ओर आँख उठाकर भी देखा तो उसकी जान ले लूँगा।" यही तो कहा था अरुण ने। उसे आँखों के सामने मौत नाचती दिखाई देने लगी।

सहसा द्वार पर हल्की दस्तक हुई। वह चिहुँककर दो कदम पीछे हट गई। यह कौन हो सकता है? कहीं अरुण तो नहीं...नहीं-नहीं, मैं भी कैसी पागल हूँ। भला वह यहाँ कैसे आ सकता है।

पुनः दस्तक हुई और साथ ही मयंक का परिचित स्वर सुनाई दिया, "किरण, सो रही हो क्या?"

उसकी जान में जान आई।

"आय एम वैरी सॉरी।" आते ही मयंक बोला, "शादी के पहले ही दिन तुम्हें अकेला छोड़कर जाना पड़ा। क्या करता, एक इमरजेंसी आन पड़ी थी।"

"कैसी इमरजेंसी?" उसने उत्सुकता से पूछा।

"जीवन बिल्डिंग की ऊपरी मंजिल से किसी ने नीचे छलाँग लगा ली थी। वह जिंदगी और मौत के बीच झूल रहा था। उसी के ऑप्रेशन के सिलसिले में जाना पड़ा।"

उसे अपनी साँस रुकती महसूस हुई। उसका दफ्तर भी तो जीवन बिल्डिंग में ही था।

"क...क्या नाम था उसका?" अस्फुट शब्दों में उसने पूछा।

"उसका नाम...हाँ, अरुण नाम था उसका। सुना है किसी लड़की से बहुत प्यार करता था। अब उसकी शादी किसी और से हो गई, तो उसने उद्वेलित होकर यह कदम उठा लिया।"

वह फटी-फटी आँखों से बुत बनी मयंक को देखती रही।

"क्यों? क्या हुआ?" मयंक ने उसकी दशा देखकर पूछा।

"वो...वो...क्या बच गया?" काँपते होंठों से उसने पूछा। उसके पूछने का अंदाज ऐसा था जैसे इसी प्रश्न के उत्तर पर ही उसकी जिंदगी टिकी हो।

"नहीं। हम उसे नहीं बचा सके।"

उसने एक दीर्घ निःश्वास ली। ऐसा लगा जैसे सिर पर रखा मनों बोझ अचानक उतर गया हो। दूसरे ही पल उसे ऐसा लगा, जैसे अभी उसकी रुलाई फूट पड़ेगी।

□□